JN085682

思想・文化空間としての

日韓関係

東アジアの中で考える

佐野正人 ［編著］

明石書店

まえがき

　2019年は、日韓関係に関心を持つ人々や日韓関係の研究者たちにとって特別な年となった。この年の7月に行われた日本の半導体材料の輸出規制の厳格化や韓国を「ホワイト国」から除外する措置によって、韓国では日本製品の不買運動や日本旅行のキャンセルなどが行われ、韓国政府は日韓秘密軍事情報保護協定（GSOMIA）の破棄を決定するなど、官民挙げての日本への対抗措置が相次いでとられていくことになったからである。この時期、日本ではテレビ、雑誌、週刊誌などで韓国と文在寅^{ムンジェイン}政権に対する反発と中傷を繰り広げる番組や記事が連日のように流され、「反韓」的な感情がこれまでになく高まった。それまでも慰安婦問題や徴用工問題、独島（竹島）問題などへの対応をめぐって日韓の関係がこじれたことは何度もあったが、今回の事態はそれらを超えた感情的な反応や表現が広範に見られたことが直感的に実感されるものであった。

　2019年の11月になって、いったんこの日韓の間の「貿易紛争」は韓国側がWTO提訴の手続きおよびGSOMIAの終了通告の効力を停止することを発表したことで、一段落を見ることとなったが、この間の日韓の感情的な反発とマスメディアでのヘイト的な「反韓」報道の広がりは多くの内省と反省を日韓関係に関心を持つ者たちに強いることになった。そこで、日本の韓国関係研究者たち、および韓国の日本関係研究者たちが「日韓関係」をテーマとして対話の糸口を見出そうとする企画が立てられ、2020年1月に第1回のシンポジウム「日韓関係を東アジアの中で考える」が韓国光州市にある全南大学校で開かれることになった。また、それを受けて第2回のシンポジウム「韓日関係を東アジアの中で考える2」が2021年1月にオンラインで開かれた。本書はこの2回にわたるシンポジウムでの発表と討論を基にして、より形を整えた論文集としてまとめたものである。

　シンポジウムを企画する時点では、「日韓関係」をより開かれた形で考

えたいという意図はあったものの、具体的に日韓関係をどのような射程と枠組みの中で捉えるのかというはっきりしたイメージがあったわけではなかった。しかし、シンポジウムでの各発表者の発表を通じて「日韓関係」とはきわめて多彩で複合的な論点を含んだ領域であることが徐々にはっきりしてくることとなった。日韓関係とは単なる二国間の外交関係であるにとどまらず、より思想的、文化的、歴史的な諸側面に深く関連したものとしてある。両国の間で「歴史認識」の問題が長いこと大きな争点となっている背景には、そのような日韓関係の諸側面が深く関連しているものと考えられる。そのため、例えば今回の「貿易紛争」といったような時事的で個別の問題を考えていく上でも、どうしても日韓関係の思想的、文化的、歴史的な複合的コンテクストの中で考えていかざるをえないのである。そこに日韓関係の持つ感情的なねじれを含んだ「厄介さ」の原因もあるだろうし、またそれだからこそ複合的なコンテクストに開かれた豊かな問題領域をなしているとも言えるのだろう。

　そのような日韓関係を開かれたコンテクストに接続させて考えていくという意図のもとに、本書は第1部「日韓関係という思想空間」、第2部「東アジアという文化空間」の二部によって構成されている。

　第1部「日韓関係という思想空間」では、日韓関係を主に他者理解やコミュニケーションの問題として捉え返そうとする4本の論文からなっている。それぞれ思想史や歴史学、マスメディア研究といった多様なバックグラウンドを持ったものだが、いずれも「貿易紛争」に象徴的に表れたような日韓のコミュニケーションのあり方に向き合うアクチュアルな問題意識を持った論考である。第1章の朴奎泰「〈十七条憲法〉の和と元暁の和諍──真の対話のために」は2020年の全南大シンポジウムでの基調講演として発表されたもので、十七条憲法の「和」と元暁の「和諍」とに表れた両国の「和」思想を比較しながら、それをコミュニケーションの問題に接続させ、多声的な声の響く「ポリフォニー」としての「和」のあり方を和解のヴィジョンとして提出している論文である。第2章の佐野正人「ポストコロニアルな視角から眺めた戦後の日韓関係──1990年代以降を中心に」は、2019年の「貿易紛争」に表れた日韓のコミュニケーションの

齟齬の問題を、1990年代以降の日韓のマスメディアの変化の中で照明していく。1990年代の韓国の民主化がメディアによって先導された革命でもあったことが示され、それに対応した1990年代の日本も同じくメディアや思想的な変化を見せていたことを論じる。日韓の双方のメディアの変化は対極的な性格を見せているが、「全体性への認識」を持つことによって両者のコミュニケーションへの糸口が開かれるというヴィジョンが示される。真鍋祐子による第3章「日韓関係を歪める言葉――ねじ曲げられた『恨』」は、「恨（ハン）」という韓国に独特の情緒が、戦後の日韓関係の変動と紛糾の中で「理解できない韓国」を解釈する上での日本的な解釈の枠組みを規定するキーワードとして浮上してきたことを論じる。戦後日本において韓国と言えば「反日」というステレオタイプが形成されてくる中で、マスメディアと学問研究がいずれも「恨」の歪曲に手を貸し、韓国の近現代史を見えなくさせることに加担していることが論じられる。朴秀哲の第4章「歴史から見た韓日関係――『海東諸国紀』と『看羊録』の視角から」は、15世紀に書かれた『海東諸国紀』と17世紀初めに書かれた『看羊録』という二つの日本を主題として扱った朝鮮時代の書籍を比較して、他者理解の問題を扱う。15世紀の朝鮮は平和な時期であったのに対して、16世紀末にあった壬辰倭乱（日本では文禄・慶長の役）によって朝鮮の国土は荒廃した。しかしその中で捕虜として日本に3年間滞在した姜沆は、むしろ日本という他者を冷静に客観的に分析していることが示される。自国中心主義を超えた「易地思之」のヴィジョンがそこで提示される。

　第2部「東アジアという文化空間」は、日韓の問題をより広い東アジアという文化空間の中から捉え返そうとする4本の論考からなっており、特にジェンダー的な問題を扱った論が中心となっている。第5章の金貞禮「『わたしが一番きれいだったとき』――茨木のり子と文貞姫の詩的コミュニケーション」は、戦後に「わたしが一番きれいだったとき」という同じタイトルで詩を書いた日本の茨木のり子と韓国の文貞姫という二人の女性詩人を取り上げ、戦争と独裁、愛と革命が相互に交差する日韓の戦後女性史の一ページを描き出す。茨木のり子は50歳になってから韓国語

を学び始め『ハングルへの旅』という本を出し、文貞姫は茨木のり子の詩
「わたしが一番きれいだったとき」を通じて日本の女性の負った傷を発見・
共感し、同じタイトルの返歌を創作するなど、そこには日韓の女性詩人の
詩的コミュニケーションへの試みが表れていることを論じる。平林香織
の第6章「日本の物語と韓流ドラマにおける〈背負い（おんぶ）〉のナラ
ティブ」は、『善光寺縁起』に現れる阿弥陀如来を背負う説話や『伊勢物
語』の「芥河」の段に現れる「女」を背負って逃げる「男」のナラティブ
などに基づいて、「背負い」の持つ聖なる性格を通文化的視点から描き出
している。また、「背負い」は赤ん坊を背負う／背負われるという身体的
な記憶を呼び覚ますものとしてもある。韓流ドラマにはそのような「背負
い」の持つ聖なる性格や身体的な記憶のナラティブが活用されていること
が、多くの実例を挙げて論じられている。第7章の呉世宗「海を渡る記
憶と遠ざかる身体——金在南『鳳仙花のうた』と崎山多美『アコウクロウ
幻視行』」は、いずれも慰安婦をテーマとした金在南「鳳仙花のうた」と
沖縄出身の崎山多美の「アコウクロウ幻視行」という二つの小説を取り上
げ、韓国と沖縄、南洋をまたいだ空間的移動の中で遠ざかった身体と記憶
とにどのように出会い直していくかという問題を扱っている。「アコウク
ロウ幻視行」の中で、沈黙したままの老女の身体から発せられる「騒々し
い静謐さ」はわずかに彼女の遠ざかる身体と歴史を開示しており、それは
20世紀の東アジアの暴力が生んだ身体と記憶につながりうるような「東
アジア文学史」へのヴィジョンを示すものとして提示されている。橋本恭
子の第8章「東アジアにおけるレズビアン・フェミニズムの運動・理論・
文学——その歴史と経験の共有は可能か？」は、近年台湾で盛んとなって
いるLGBT文学（台湾では「同志文学」と呼ばれる）をテーマとして取り上
げ、その民主化運動との関わりや他の社会運動との連帯関係といった背景
について詳細に掘り下げている。台湾にとどまらず、日本語で小説を書く
李琴峰のケースや、韓国のフェミニズム文学の広がり、日本での女性作家
の活躍など、東アジアを越境し横断する運動としてLGBT文学の可能性
があることを示す刺激的な論となっている。

　以上のような日韓関係をめぐる、さらには東アジアを横断する様々な複合的コンテクストを提示するものとして、この論文集がいささかでも現在の日韓関係の状況に風穴を開け、和解への糸口を提示するものとして役に立つことができれば幸いである。この論文集に示された様々なヴィジョンを思い合わせる時、日韓両国、ひいては東アジアの各地域は対立や摩擦よりもむしろ困難な歴史的体験や記憶を共有する隣人たちであることが見えてくるはずである。そのような貴重な論考を寄せてくれた執筆者の皆様と、シンポジウムで熱の入った討論をしてくださった全南大学校や参加者の皆様、そして論文集を書籍化するという夢を叶えてくださった明石書店の武居満彦様を始めとする皆様、編集実務を担当してくださった伊得陽子様に、この場を借りて心から深い感謝を申し上げる次第である。

　なお、本書の刊行、および本書のもととなった2020年1月の全南大学校でのシンポジウムの開催には、2017〜2020年度科学研究費挑戦的研究（萌芽）「東アジアにおける戦後歴史認識の横断的研究——戦後初期と1990年代を中心に」（17K18476、研究代表者：佐野正人）の研究助成金の交付を受けた。ここに記して感謝の意を表したい。

佐野　正人

思想・文化空間としての日韓関係

東アジアの中で考える

目　次

第2部　東アジアという文化空間

第 **1** 部

日韓関係という思想空間

第1章

〈十七条憲法〉の和と元暁の和諍

——真の対話のために

朴 奎泰

1. はじめに

　韓国人と日本人は人種的・言語的・文化的に世界で最も近い民族であると言って間違いないだろう。しかし、韓国と日本を共によく知る人々は、しばしば韓国人と日本人が互いを本質的に理解するのは難しいと言う。実際に両国で尊敬される人物、高く評価される価値などを見ると、互いに正反対である場合が少なくない。どちらも混在した優越感と劣等感に起因する独善的な偏見に過ぎないだろうが、日本人はしばしば韓国文化は中国文化の亜流に過ぎないと腐し、韓国人は日本文化は韓国文化の亜流に過ぎないと貶す。だからといって、いつも互いを誹謗しているわけでもない。両国民の意識の中には、互いへの遠心的な反発の感情と求心的な親和の感情が複雑に錯綜しているのである。韓日の長年の葛藤は地政学的・歴史的経験の差がもたらしたものが大きいだろう。が、相手の文化への無知や誤解に起因する部分も決して小さくはない。互いに相手をよく知りつくしているという錯覚が、そうした誤解を増幅させている。特に両国間には外見上の文化的類似性や共通点が多く、対立は近親憎悪的な側面まで帯びている。

　両国は人種的・言語的な類似性だけでなく、同じ漢字圏・大乗仏教圏・儒教文化圏に属するという点で、多くの文化的類似性を共有する。天孫降臨神話や神道のシャーマニズム的要素、また叙情的で自然観照的な農耕民の感受性などに、それを見ることができるが、特に古代になるほど、韓日の共通点はより多く現れる。その一方で、現代の韓国文化の原型が朝鮮時

代にあるように、現代の日本文化の重要な要素も大部分が江戸時代に原型
を成した。朝鮮時代と江戸時代は共に鎖国の時代であり、朱子学を統治イ
デオロギーに据えた点でも顕著な一致を示す。また、両国とも西欧のよう
な宗教戦争はなく、現在に至っては世界にも類例のない宗教多元主義の
国であり、しばしば「宗教のデパート」とも称される。また西欧人の目に
は、韓国と日本は共に集団主義的であり、調和を重視する文化に映ってい
るようである。

　両国はある面で否定的な文化的特徴も共有している。例えば、日韓双方
で論理よりも直感的な思考法が発達し、対話が苦手とされている。韓国人
は多くの場合、自らの理念的な正しさに執着し、対話よりも一方通行の
独白や攻撃的な論戦に陥りやすいし、「世間」や「空気」の文化に慣れた
「縦社会」の日本では一般的に対話による意思伝達より、相手の心中を直
感的に読み取る能力が重要視されている。また韓国人も日本人も過度に感
傷的な傾向があり、自国の文化の固有性や特殊性を表現したいという強い
心理的性向を持つ。ルース・ベネディクトの『菊と刀』に描かれた日本人
の姿のように、韓国人の心理も極端から極端へと偏りやすい。

　しかし、こうした共通点はどれも違いを内包している。両国の間では、
その違いを見落としたり、正しく理解していないがゆえに、誤解や誤認が
増幅されることが多い。以下では、日韓文化の比較にあたり、類似性の中
の違いに注目しながら、特に両国共通の核心的価値と言える「和」の比較
に焦点を合わせ、意味ある生産的な対話のための認識論的前提について考
えてみようと思う。

２．日本型の和——〈十七条憲法〉の和の概念を中心に

　日本の和は、伝統的に「調和」や「融和」または「紛争や対立がなく、
円滑にまとまる状態」、さらに「特定の集団と場における一体感」や「和
やかに協力しあうこと」として理解されている。日本の文化、思想には
こうした和の特性と関連した自他和合や、自他合一の人間観、世界観が
よく発達している。例えば本居宣長の「もののあはれ論」、人間を本質的
に「間柄の存在」として規定する和辻哲郎の倫理学、有機体的連続性を強

調した丸山眞男の古層論をはじめ、日本文化を代表する典型的な事例の一つである茶道の「和敬清寂」や「一期一会」の精神も「自他一如」に立脚している。日本型の和の精神の根底には、自他の二元対立ではなく、両者の調和のとれた共存を模索する自他一如の世界の具現という理想があるのだ。

　日本ではよく、このような和こそが日本人に最も尊ばれる価値であると言われる。そして「和国」「和室」「和食」「和服」などの表現にあるように、和は「日本的」という言葉とほぼ同じ意味で用いられている。和が日本文化そのものを表す象徴のように使われているのだ。日本では今でも多くの場合このような和が、政治、経済、社会、文化の基本的な原理と見做されている。例えば、日本の労働組合では概して和の原理に基づいて過激な闘争を止揚し、会社側との交渉を重視する傾向がある。また、寛容・調和・協調・合意・和解・和睦・和親のような歴代の日本内閣の標語にも見られるように、政治の領域でも和の原理が重要な役割を担っている。

　このような和の原理に、可能な限り集団内の闘争と対立を回避し、安定を志向しようとする日本人の強い秩序志向的な傾向を見ることができる。確かに日本人は異質のものを調和させ、共存させる原理として和を重要視してきた。このような和の形成に欠かせないものが「空間的・時間的・心理的距離としての『間』に対する感覚」である。多くの日本人は「間」の間隔を最小化し、自他和合や自他一如の世界を目指す和の精神を最もよく示す代表的な例として〈十七条憲法〉を挙げる。

　〈十七条憲法〉は、604 年に成立した日本最初の成文規範である。[1] 7 世紀初めには、唐代の韓半島への外交方針や皇位継承問題などをめぐる氏族間の対立が続き、崇峻天皇暗殺という未曽有の事件も起きた。こうした時代的危機に直面した聖徳太子は、大和朝廷の官吏を対象にした訓戒として〈十七条憲法〉を制定し、「以和爲貴」「篤敬三寶」「承詔必謹」「懲惡勸善」「背私向公」などの心構えを説いた。〈十七条憲法〉は、次のように「和を最も大切に考える」という条項から始まる。

1　一般に聖徳太子（575 ～ 622 年）が制定したと言われているが、明確な根拠はなく、異説も多数存在する。

　　　和を尊び、逆らい背くことのないようにせよ。人はみな党類を組む
　　が、賢者は少ない。それゆえ、あるいは君父に従わず、あるいは近隣
　　の人と諍う。しかし、上下の者が和み睦み合い、事を論じて合意に至
　　れば、事の道理は自然に通る。何事であれ、成就しないものはない[2]。
　　（第1条）

　官僚のための訓戒の中で「和を尊び（最も大切なのは和である）」（以和爲
貴）と説き、続いて「逆らい背くことのないようにせよ」と言う。ここで
の和とは他者と争わず円滑に調和することを意味する。特に注目すべきは
「事を論ずる」（論事）ことの重要性を述べている点である。つまり論を重
ねることにより、自他の対立は調整され、これにより、より高次の理に自
然に通じる（事理自通）ということである。第10条と第17条にも、これ
と似た発想が繰り返し現れる。まず、第10条では、第1条で明らかにし
た和の具体的な内容が次のように展開されている。

　　　心に恨みを抱かず、顔に憤りを表さず、人が自分と違うからといっ
　　て、怒ってはならない。人にはみな心があり、心にはそれぞれの考え
　　がある。相手が正しいと思っても、自分は間違っていると思い、自分
　　が正しいと思っても、相手は間違っていると思う。自分は聖人ではな
　　く、相手が愚人でもない。共に凡夫なのである。是非の理を、いった
　　い誰が定めることができようか。お互いが賢であり愚でもあって、鐶
　　に端がないようなもので区別はつかない。（第10条）

　ここで、人間の心は本質的に各自が他の人の考えは間違っており、自分
は正しいという（彼是則我非我是則彼非）自己中心主義的な考え方をする
ものであるという点を指摘し、何よりも自分の考えと違うからと他者に腹
を立てたり、怒りを抱かないように警戒する。人は皆、凡夫であるという
点で根源的に平等であり、正しいか間違っているかの是非は決して固定さ

　2　以下、『日本書紀』の現代語訳は『日本古典文学全集3　日本書紀2』（小島憲之他校注・訳、
小学館、1996年）によった。

れたものではない（是非之理、詎能可定）。第 17 条でも、これと同じく次のように独断的な行動を慎み、皆と議論をすれば理を得ることができると説いている。

　　　物事を独断で決めてはならない。必ず衆人と議論せよ。小事は些細であるから、必ずしも衆人に議らなくてもよい。ただし大事を論じるときには、もしや過失があるかもしれない。それゆえ、衆人とともに検討する時、事は道理にかなうものとなろう。（第 17 条）

　上のような、〈十七条憲法〉における和は、儒教的秩序の観念に基づいたものと言われてきた。例えば前述の第 1 条には「上の者が下の者に優しくし、下の者も上の者に親しく接する」（上和下睦）と書かれており、第 15 条には「上と下は和み睦み合って合意せよ」（上下和諧）という記述が出てくる。ここでは上下の違いを「和睦」や「和解」という和の精神を通じて、秩序付けようという目的が明らかに表されている。この目的のため、〈十七条憲法〉は次のように第 4 条で礼を強調する。

　　　群卿や百官は、礼をすべての根本とせよ。人民を治める根本は、必ず礼にある。上が礼なければ、下は乱れ、下が礼法を失えば、必ず罪を犯す者が現れる。それゆえ、郡臣に礼があれば、位の秩序は乱れない。人民に礼があれば、国家は自然に治るであろう。（第 4 条）

　事実、「以和爲貴」は「礼を行うことは、和を貴く思う」（禮之以和爲貴）という『礼記』儒行編の一節や「礼の運用は和を貴く思う」（禮之用、和爲貴）という『論語』學而編の一節の引用である。秩序を維持するための規範と作法である礼を実現するためには、和、すなわち（上の）人と（下の）人の調和が伴わねばならないという意味である。さらにこの言葉は和を実践しても、礼の節度を守らなければ、安易な付和雷同に陥りやすいという点を指摘した言葉でもある。言い換えるなら、人は各自、分相応に行動するべきだという身分の違いを前提にした秩序感覚である礼と、人は互い

に親しくつながっているという親和感覚である和の両方が、社会秩序の維持のためには必要であるということである。これと共に〈十七条憲法〉には、「（和の中心である）天皇の命令を承ったなら、必ず謹んで従え」（承詔必謹、第3条）、「（和を損なう）悪を懲らしめ（和をなす）善を勧めよ」（懲悪勧善、第6条）、「（和のために）私心に背いて公事に従うこと」（背私向公、第15条）などが明記されている。

　しかし、〈十七条憲法〉の場合、和と礼の関係は明らかにされていない。また儒教では和は、一般に五常（仁義禮智信）や礼楽のような中心的な徳目とはみなされていない。ゆえに儒教の場合、和は礼の本体（体）ではなく、あくまでも現象面における運用（用）と見なされているだけだが、〈十七条憲法〉ではこれが逆転し、むしろ礼よりも和を優先している。

　一方で〈十七条憲法〉における和の出典を仏教とみなす説もある。仏教では、成仏を目指す共同体である僧家における和が重要視された。例えば、大乗仏教では教団で共同生活を営む修行者が守らなければならない規範として、「六和合」または「六和敬」[3]が説かれた。こうした僧家のように〈十七条憲法〉も、官僚がそれぞれの悟りの成就と「国家永久」（第7条）という究極的な目標について、議論により自己主張の絶対化を脱し、和によって目標を実現するため邁進するように、勧告したというのである。

　以上から、〈十七条憲法〉が説く和は、やはり仏教の和合僧を最初の原典にしていると思われる。ゆえに第1条の「以和爲貴」に続く第2条で官僚に「篤く三宝を敬え」（篤敬三寶）と説き、「三宝とは仏・法・僧である。すなわち一切の生類の行き着くところであり、すべての国々の究極の教えである。どういう世であれ、どのような人であれ、この法を尊ばないことはない。人は極悪である者は少なく、よく教えると従うものである。そもそも三宝によらずして、いったい何で邪悪を正せようか」と説く。〈十七条憲法〉は縁起説と一乗思想に立脚した仏教の教えに従うこと

3　礼拝などにおける和合である身和、讃詠などにおける和合である口和、信仰における和合である意和、生活規範を共にする和合である戒和、正しい見解を共にする和合である見和、適切な行動を共にする和合である行和を指す。

によって、人々が自己中心性から抜け出し、他者を尊重する和の精神の基盤を形成することができると考えている。

　以上のように、〈十七条憲法〉に表れた日本型の和の特徴は、次の五つに要約できる。①何よりもまず、垂直な上下関係の秩序意識を強調する。②同時に水平な「間の関係性」も重視する。③争いそのものを回避し、自分と他者の共存を模索する自他一如の理想を追求する。④この時、和の主な対象は官僚である。⑤本質的に和自体を目的とする目的論的な思惟が支配的である。

３．韓国型の和──元暁（617 ～ 686 年）の和諍を中心に

　〈十七条憲法〉が強調する「和」の精神は、一面、元暁（がんぎょう）の「和諍（わじょう）」の精神を連想させる。例えば、元暁入滅後、約 120 年が過ぎた 800 年代初めに建てられた〈誓幢和上碑文〉の中で『十門和諍論』に言及した次の一節、「人にはみな心があり、心にはそれぞれの考えがある。相手が正しいと思っても、自分は間違っていると思い、自分が正しいと思っても、相手は間違っていると思う」は、〈十七条憲法〉第 10 条の一節と同様、和が要求される基本的な理由、すなわち、人間の認識論的な誤謬性に対する深い自覚を示している。

　　つまらない公論が雲のように入り乱れ、ある者は自分が正しく他の者は誤っていると言い、ある者は自分の説はもっともで、他者の説はそうではないと言う。このような議論が大きな川のように多くの支流を成している[4]。

　元暁は 100 以上の膨大な量の著述と仏典注釈書を残したが、現存するのはその代表作である『金剛三昧経論』と『大乗起信論疏』をはじめ、『大慧度経宗要』『法華経宗要』『華厳経疏』『涅槃宗要』『十門和諍論』などの 20 種である。高麗時代の義天（ぎてん）は、元暁を「和諍國師」と呼んだが、

4　「空空之論雲奔或言我是言他不是或說我然說他不然遂成河漢矣」（高仙寺誓幢和上碑文）この「河漢」は、黄河と漢水を指す。

彼の膨大な著述中、和諍という言葉は二度、つまり『十門和諍論』という著の題と『涅槃宗要』の〈和諍門〉という見出しにそれぞれ見つけることができる。しかし元暁の著述物の中で和諍が独立した概念語として取り上げられたことはない。にもかかわらず、元暁と言えば、まず「和諍」を思い浮かべるほどに、今日、和諍は元暁思想のトレードマークとして認識されている。

　和諍という概念を理解するには、まず元暁の「一心」思想を知る必要がある。これに関連して、661年、彼が新羅華厳宗の開祖である義湘（625～702年）と共に唐へ留学する道中に体験した「墓の中の逸話」は非常に有名である。『宋高僧傳』〈義湘傳〉によると、元暁はある晩、ある場所で嵐を避け、そこにあったひょうたんに水を汲み、飲んだ。翌日、夜が明けてみると、実はそこは墓場であり、ひょうたんと思い水を汲んで飲んだものは髑髏であった。それを知った瞬間、すべての状況が変わり、前日の夜は平気だったのに、水を吐き出し、幽霊に苦しめられるようになったことに困惑した彼は、にわかに悟りを得て、「心の外側に法はない。ならば、外で悟りを得る必要はないだろう」と考えを改め、入唐をやめて、義湘と別れ帰還したという。

　「心の外側に法はない」という悟りは、『華厳経』の中核思想である「すべては、ただ心が造り出すものである」（一切唯心造）への自覚を指し、元暁はその著作の中で、しばしばこれを「一心」という概念で表現した。彼の言う一心とは一言で言うなら、「区別して執着しない心の境地」であり、いわゆる「如来蔵」や「仏性」と同一視されることもある。元暁は、心を固定した実体として考え、それに執着すると、真の意味で一心に至ることはできず、すべての争いは一心について正しく悟りを得られないためだと言う。つまり、一心を悟ることができたなら、本来の根源、すなわちすべての争いがない状態へと戻ることができるというのである。このように、一心は「和諍が実現可能であるという根拠であると同時に和諍の目的地」でもある。

　では、和諍とは何か。一般に崔南善が元暁の思想を「すべての宗派分裂と理論的争いを調和させようとしたもの」と評価して以来、和諍とはしば

しば「異諍」、あるいはそれを略した「諍」、つまり、複数の互いに異なる
見解・主張・学説・理論間の争い・論争・葛藤・対立における和解・調
和・協力・総合・統一などを意味する言葉として理解されてきた。しか
し、和諍の意味に関しては、「諍」をどのように捉えるかによって、あるい
は和諍の対象をどのようなものと見るかによって、解釈は分かれる。例
えば『涅槃宗要』には、次のような一節がある。

> いくつかの経典の部分的な側面を統合し（統）、思想のあらゆる流
> れを一つの海に戻し（歸）、仏法の極めて公正な意味を開いて（開）、
> 百家の異諍を一つにする（和）。

　元曉が『涅槃経』を和諍の経典として高く評価する理由として提示し
た、この一節における「異諍」の「諍」とは「諍う、争う」という意味で
はなく、「諫める」と考えるべきだという解釈もある。「諫める」とは、直
言して正すことであり、相手の主張を否定したり、反論するための口論で
はなく、自分の主張や見解を自然に表現することである。こう見ると、和
諍とは「異なる見解や主張などのあらゆる違いを共に合わせていくこと」
となる。
　「諍」と「争」を比べることもできる。「争」が一般的な争いを指すな
ら、「諍」は言語を媒介とした争いに限定される。元曉が用いた用例を見
ると、「諍」は意見、見解、理論と論理の間の対立や争いを意味する。そ
して、和は、会通、和合、和会、和通などである。ここでの会通とは、意
味が互いに異なるものを、文章を通して、同じように合わせていくこと
を指す。このような文脈から和諍とは「対立する意見、主張、見解、論争
を、互いに通じるように、その核心と大要を把握し、大きな意味では変わ
らないことを悟り、一つに調和させること」を意味する。一方、従来の
和諍が対象としたものに関しては、次の四つの立場に要約することができ
る。

5　「統衆典之部分歸萬流之一味開佛意之至公和百家之異諍」（『涅槃宗要』）。

①仏教内部の様々な理論間の争いが和諍の対象であり、この時、宗派間の争いは含まれない。

②新旧唯識の間の葛藤、中観と唯識の論争、一乗と三乗の対立などの新・旧訳仏教[6]の間の教理論争に起因する、東アジア仏教界の思想的分裂と葛藤が和諍の対象である。

③人々の間の見解の争いでなく、経典に提示された異なる内容こそが和諍の対象である。

④和諍の対象は論争ではなく不通であり、和諍は争いと対立の和解というよりは、異なる主張を集めて疎通の可能性を確保することを意味する。

　このうち①と②が「諍」を争いと解釈する観点であるならば、③と④は、それを争いでなく、違いと疎通の問題へと還元する観点であると言えよう。後者の場合、和諍は「経典や理論の見解の違いを解消する総合的な理論の確立」や「様々な意見の相違を集め、相互に対面して疎通の可能性を高めること」を意味する。つまり、和諍とは「疎通としての和諍」すなわち「和諍會通」である。

疎通としての和

　元暁は『大乗起信論疏』で『大乗起信論』に出てくる「（衆生の）心が（世間の法と出家間の法）一切を摂する」（是心卽攝一切）という一節の「摂」を「通摂」と解釈した。これがただの「摂」なら、「集める」という意味に重点が置かれる。つまり、韓国で一時、話題になった「統摂（consilience）」に近い意味になる。ところが元暁は「摂」を「通摂」と書き変えることで、「異なるものを互いにつなげる」という意味を補強した。そこでは重点が「摂」から「通」に移っている。通とは、すなわち疎通である。疎通を前提にして、初めて「摂」が可能になると考えたのだ。元暁は一貫して真と俗、真如と生滅の間の疎通を説く。それらが互いに交流して調和する

6　玄奘（600〜664年）以前に漢訳された仏教経典と論・疏を旧訳、玄奘の翻訳とそれ以降の翻訳を新訳とする。

という意味で通摂という言葉を使っている。それは、統一や統合とはニュアンスが異なる。元暁の会通と和諍の論理を和解と綜合とのみ理解するなら、疎通としての通摂の意味を失うことになる。

このように疎通に焦点を合わせると、和諍は「単純な差異の集合ではなく、差異を互いに向かって開き、出会わせ、相互に支持させる相互包摂」を意味するようになる。つまり、「差異が互いに向かって開かれ、相互に支持し包摂され、差異を抱えながらも、より高く完全な地平を切り開いていくこと」「差異が不通によって隔離（諍）されることなく、出会い、互いに向かって開かれて、作用しあい（和）、完全へと向上していくこと」が和諍なのである。

以上のような「疎通としての和諍」は「方法としての和諍」でもある。多くの元暁の研究者は和諍は、元暁が追求した「無碍」または「一心」に至るために用いた一つの方便、すなわち方法論であった点に注目する。元暁が好んで用いた和諍の具体的な方法としては、例えば煩悩を滅し執着を捨てること、極端さから距離を置くこと、肯定と否定を自由自在に行き来すること、同意も異議提議もせずに話すこと、それぞれの主張に含まれている部分的な妥当性（一理）を認め受容すること、などを挙げることができるだろう。これらの方法は、どれも理解するのは簡単だが、実践するのは非常に困難である。なぜなら、我々を支配しているのは、言語がどのような実体に対応しているかという思考であり、そういう実体論的な言語観は必然的に誤解や歪曲をもたらすものだからである。ゆえに元暁は、「すべての言説は、ただ仮名であるので、実性と断絶されざるを得ない」（『大乗起信論疏』）とか「あなたは今、ただ言葉通りに意味を捉え、言葉で可能な比喩を引き出しながら、言語を超えた真理を批判しているが、それは指先のみを見て、それは月ではないと非難するようなものだ。それゆえ非難が精密になればなるほど、真理からは一層、遠ざかる」（『十門和諍論』）と言って、実体論的言語観を脱することこそが、最も基本的な和諍の方法で

---

7 「諸言說唯是假名故於實性不得不絶」（『大乗起信論疏』）。
8 「汝今直爾如言取義引可言喻難離言法但看指端責其非月故責難彌精理失理彌遠矣」（『十門和諍論』〈空有和諍〉）。

あると強調した。

　つまり、元暁は実体論的言語観から抜け出し、「ある一方に固執しない
立場から、すべての争論を調和して疎通させる言語能力を達成すること」
（柳生眞、2017a: 139）が、まさしく和諍に至る近道であることを示唆した
のである。和諍は言語的な表現による争論を和解させる作業であるため、
このように言語の本質を問題視するのは、ある意味とても当然のことのよ
うに思える。彼は言語を方便として用いることにより、表現は違っても、
同じ意味の概念や言説であることを洞察し、無意味で非生産的な議論を解
消し、一見、互いに通じることはないように思える多くの言説を疎通させ
ようとした。

　元暁の和諍をモデルとする韓国型の和の特徴は、次の五つに整理でき
る。①何よりも疎通を強調する。②言語の本質に強い関心を持つ。③縁起
論的、反実体論的な思惟に基づいている。④和の一次的な対象は仏教内の
理論的対立である。⑤基本的に和を方法とみなす方法論的な思惟が支配的
である。

４．日本型の和と韓国型の和の接点
――「和而不同」の「和」を求めて

　上に見てきた日本型の和と韓国型の和のモデルは、調和と疎通という肯
定的なメッセージを含みながらも、それぞれ深刻なジレンマを内包してい
る。〈十七条憲法〉の和の思想が抱えている「同而不和」のジレンマと元
暁の和諍思想の中核をなす反実体論的思考のジレンマがそれである。

　まず同而不和のジレンマから考えてみよう。自他の連続性を前提とする
調和と融和としての日本型の和は古代日本人の心性と通じ、その後の日本
思想史の展開の原点となった徳目であるが、今日では通常、日本文化の特
性である集団主義を示すものとして理解されている。このような集団主義
としての和には現在、日本国内でも相反する評価がある。一方は〈十七条
憲法〉の和は伝統的な美徳であり、現代でも有効な徳目であると考える肯
定的な評価である。過度の個人主義（ミーイズム）を批判し、共同性と公
共性を主張する立場から、このような和は積極的に擁護される。一方で

　和の原理は、実際には個性と自立の軽視、自由の抑圧、場への同調圧力とつながっており、その結果、多様性を認めず、異なった意見や少数派を排除する集団主義に帰結する危険性を内包しているとして批判する立場もある。言い換えるなら、日本では和（融和）が同（同化）に変質することで、「和」を語りながらも、その内実は「同」が語られていることが多いのである。

　同じように、和の原理が集団主義と結びついた例は戦前の国体論に見ることができる。国体とは、本来「万世一系の天皇が統治する優れた国」を表す概念であるが、特に満州事変（1931 年）以降は、戦時体制下で個人主義や自由主義を反国体的なものとして否定する国体明徴運動が盛んになり、文部省が出版した『國体の本義』（1937 年）が広く配布された。この出版物は、自由主義と民主主義の基盤としての個人主義を強く非難し、日本は皇室を宗家とする一大家族国家であり、天皇に「没我同化」して各自の分をわきまえ、和を実現するのが日本国民本来の姿であると説いた。

　このような和の欺瞞性を批判する仏教学者、袴谷憲昭（はかまやのりあき）によると、折衷主義的な習合信仰（シンクレティズム）ほど日本の為政者にとって便利なイデオロギーはまたとなかったにもかかわらず、これまでそれが和の思想とされてきた。〈十七条憲法〉は全体的に強力な国家体制を整備するためのイデオロギーであり、第 1 条の「以和爲貴」は「同而不和」という折衷主義を奨励するものに過ぎない。大東亜戦争は「大東亜共栄圏」や「八紘一宇」を標語として掲げたが、それらも和の思想に立脚したものであった。現代の日本社会でも妥協的な和の思想が広く通用しているが、そのような和を容認しないことこそが反戦というものである。

　このように〈十七条憲法〉の和が「同而不和」のジレンマを抱えた一方で、和諍のジレンマは反実体論的な思考と密接な関係がある。和諍の論理は宗教集団間の力の葛藤状況や、中観や唯識などの特定の理論体系の相互矛盾を念頭に置いているというよりは、二つ以上の実体論的思考が互いにぶつかり合う包括的な問題の状況を想定している。実体論的思考の鮮明性とはまさに排除や抑圧であり、自他の地平を鮮明にすればするほど、二つの地平が出会う可能性は遥かに遠くなるというのが、多元主義的で反実体

論的な和諍会通の論理が抱える哲学的な洞察である。言語的実体論を否定する元暁の論理に従うなら、自他共に正しい、あるいは自他共に間違っているということもあり得る。しかし、そのような両是論や両非論で和解が成されることは決してない。

　和解は正しい真理の立場に立ち、自らへの執着がない時に可能になるのである。「過ちを過ちと言える精神が真の和解のための最初の出発点」（チェ・ユジン、1998: 巻頭言）であるからである。言い換えるなら、対立物の間には常に権力が作用するので、これを平等にしない限り、公正で客観的な和諍はまず不可能である。したがって、すべての過ちを改め、何が真実かを知ることによって、権力を対称的なものとする必要がある。ゆえに和諍は「互いが対立した時に、対立物の間の条件との因果、特にその中で作用する力と苦痛に対する縁起的な関係を悟らせ、一心を目指して破邪顕正をした後、相手の条件と脈絡の中に立ち入り、中道の姿勢で疎通して苦痛を取り除き、互いに一つとなること」（イ・ドフム、2015: 54–55）でなければならない。そうして初めて和諍は仏教内の理論和解の場にのみ留まることなく、複雑な現実問題へ認識論的に適用できるようになるだろう。しかし反実体論的な思惟の論理は和諍の現実的条件である「破邪顕正」自体も原理的に拒否する。それは本質的に「邪」と「正」を果たして誰が判断することができるのかということを問う言語論理だからである。ゆえに和諍の論法は具体的な争論の現場では有効に作動しにくいので、結局は曖昧で空虚なスローガンに過ぎないという批判に直面せずにはおられない。

ジレンマを超えて──日本型の和と韓国型の和の接点

　〈十七条憲法〉の和の思想も元暁の和諍思想も共に解決困難なジレンマを抱えている。ことによると、「同而不和のジレンマ」は「今、ここ」を絶対化しようとする日本文化の強烈な実体論的傾向とコインの両面の関係にあるのかもしれない。同様に「反実体的思惟のジレンマ」も「同而不和」の危険性から自由ではない。血縁と地縁に立脚した「韓国人の我々（우리）」意識、自身にのみ理があり、また、なければならないという確信偏向症は、無限の分裂を産み、結果的に「同而不和」をもたらす場合が少

なくないからである。そして両国のジレンマは、二重のジレンマとなる。

　ジレンマは解決が難しいため、ジレンマなのである。ならば我々にできることは極めて限定的なことにならざるをえない。まず和と同の差異を明確に認識する必要がある。このためには和の本来の意味へと立ち返り、その可能性に注目しながら可能な限り「通」の観点から和を見つめなければならない。

　伝統的な和が主に垂直的な調和を追求する概念であるなら、通は水平的な調和に近接する概念である。前述した〈十七条憲法〉第1条では、上級官僚も下級官僚も協調しながら自他の意見の違いを認め、自分と異なる意見を無視・抑圧・排除する独断に陥ることなく、生産的な議論を行うなら、「道理は自然に通る」（事理自通）という。すなわち「和の結果は通」なのである。こうして〈十七条憲法〉の和と通が対を成すように、元暁も「和によって対話をするなら、すべての人は互いに通じることができる」という和諍会通を唱えた。例えば元暁は『大乗起信論別記』で「二門は互いに融通し制限しない。そのため、すべてのものは通じ合い一切の理と事の諸法（現象）を包摂する。ゆえに二門は互いに分離することがないと言う[9][10]」と記している。このように理と事の相即関係（攝一切理事諸法）を説く元暁の発想は〈十七条憲法〉第1条の「以和爲貴」「事理自通」の発想に類似している。大きく見るなら、この点は日本型の和と韓国型の和の疎通性を示唆している。

　ここで「門」の意味を少し確認しておこう。和諍のみをテーマとした元暁唯一の著書である『十門和諍論』の書名は通常、「十種の諍論（見解の排他的主張）を和諍する理論」という意味で理解されている。この「門」とは和諍の対象となるもの個々の「類型」または「主題」を意味する言葉である。しかし、パク・テウォンによると元暁が好んで用いる「門」という概念は、「見解・観点・理解を成立させる条件の縁起的因果の系列」、つまり和諍の対象でなく方法としての「見解の系列の意味脈絡」を意味す

9　『大乗起信論』では、心の二つの地平を二つの門、すなわち眞如門（本質）と生滅門（現象）と表現している。

10　「而今二門互相融通際限無分是故皆各通攝一切理事諸法故言二門不相離故」（『大乗起信論別記』）。

る。この「系列」とは「一連の因果関係を形成する条件の連鎖、すなわち固有の個性の差異を付与することのできる因果的条件の連鎖とその体系」を指す。

　高麗の均如が『釈華厳教分記圓通抄』に引用した『十門和諍論』の語句はすべて「仏性の有無の議論」に関連した和諍であり、ことごとく「門の区別による和諍」である。均如は『十門和諍論』で展開された「依持門」と「縁起門」の区分による和諍論法を次のように引用している。

　　元暁は、五種類の品性が差別されるというのが依持門の意味であり、すべてに仏性があるという主張が縁起門であるとし、二つの理論の排他的主張（諍）をこのように突き合わせることで、互いに通じるものとする（會通[11]）。

　　依持門によると、真理らしさと俗っぽさは同じではなく、衆生と真理の本来の姿は差別される……縁起門によると、真理らしさと愚かしさは別個のものではなく、一切のものはすべて一つになった心（一心）を基とする……このような二つの系列（二門）は、本来、互いに妨げあうことがない[12]。

　ここでの「依持門」とは差異が依存的な関係として成り立つ系列を意味し、縁起門とは差異を縁起の洞察ににによって一つとみなす系列を指す。前者が差異の可能性に注目する概念であるなら、後者は真の共通点を指示する同一性の可能性を示唆する概念であると言える。「各々に一理ある」と言い、相違したり反対する見解を一堂に集め、互いに引き合わせ、通じさせる和諍の論理は、このように見解や理論の系列を意味する「門」の区分を前提とする。このような「門」の区分は異なったものは異なっているとしなければならず、和のために差異を消し去ってはならないということを

11　「曉公云五性差別之敎是依持門皆有佛性之說是緣起門如是會通兩家之諍」（『釋華嚴敎分記圓通抄』）。
12　「就依持門眞俗非一衆生本來法爾差別（中略）約緣起門眞妄無二一切法同一心爲體（中略）如是二門本無相妨」（『釋華嚴敎分記圓通抄』）。

示唆している。

　見解の系列（門）を把握すると同時に区別するというのは「縁起的思惟」を意味する。すべての見解や理論は「条件的に成り立つもの」だからである。縁起的思惟における縁起の核心的意味は「独自的な実体性の不在」（無自性、空）を支持する「相互依存性」または「相互依存的な関係性」にある。そこでは、すべての存在と現象が相互に関与し、相互に支持し、相互に作用する。言い換えるなら、すべてが不可分に相互関係を結んだ「網の地平」の中にある。したがって、むやみに「お前は間違っていて、自分が正しい」と断定するより、間違っていたり悪いという判断を成立させた条件と理由を明確にし、その批判が有効な条件を理解し、受容する必要がある。もし異なっていたり反対の見解に条件を考慮せずに対するなら、相互否定の排他的な態度が支配的になり、悪循環に陥るだろう。一方でそれぞれの見方が成立する意味脈絡を条件的に把握するなら、相手の見解の有効性は条件的であり、その妥当性は条件的に制限されるということを知ることになる。こうして捉えた複数の条件的妥当性を集め（和會）、包摂的に収斂（會通）するとき、初めて完全な意味地平が開かれるようになるだろう。

　このような縁起的な思惟の上に建てられた門は内と外の境界である。つまり内と外の間に位置し、内と外を連結する通路である。人間学的な認識論の観点から見れば、門は自分と他者との間に位置し、自分と他者をつなぐ通路であると言える。「間」というメタファーにおいて、和諍の「門」は同様に「間の認識論」を内包する〈十七条憲法〉の和の精神と一脈相通じるものである。

治癒としての和而不同

　『東醫寶鑑』（1613 年）は「通じれば痛まず、通じなければ痛む」（通則不痛、不通則痛）と記している。これは不通は疾病であり、したがってその病気を治癒できるのは、まさに疎通であるということを物語っている。こうした意味から「私が誰かを妬むなら、彼もまた私を妬むだろう。妬みの病には限りがない。ゆえに自分より知識が多い者を好まず、優れた才能

を持つ者を妬むのである」という〈十七条憲法〉第 14 条の一節「妬みの病」が不通であるなら、「和」は疎通による治癒力であると言える。同様に和諍会通としての和諍もまた、しばしば「排他的論争を和らげる一種治癒行為」と言われる。この和諍とは「異った観点と主張を統一させることにより、なされるものではなく、自己の見解の全面的・無条件的な妥当性を主張する争論主体の「排他的な態度」を治癒することにより成し遂げられるものである。そしてこのような治癒は「自己の見解は条件に依存することによる産物であり、したがって妥当性があっても、その妥当性は限られた条件に応じた部分的・限定的な妥当性（一理）であり、他の見解もまた各々の条件的妥当性をもつことがある」という点を認知し、受容する内面の態度の変化によって初めて可能になる」。

　孔子は「君子は和して同ぜず、小人は同じて和せず」（君子和而不同、小人同而不和『論語』子路篇）と言った。すなわち君子は互いの違いを認め、調和を成しながらも、軽薄に付和雷同することはなく、私利私欲に囚われた小人は表面的には相手に同調するが、相手との違いを認めることはなく調和を成すことができないという意味である。ここで「同而不和」が不通という病気であるなら、「和而不同」は疎通の治癒力に比肩されよう。つまり日本型の和と韓国型の和は「和而不同」の場で互いに会わねばならない。その場は個別性を認めながらも、究極的には普遍性を追求する和而不同の場とならねばならない。

　一方、春秋時代の『國語』〈鄭語〉編は「和が実を結べば物事を生み、同ずれば続くことはない」（和實生物同則不繼）と言う。これは他のものと調和をなせば繁栄するが、一方に偏るなら長く続くことはないということを意味している。同類のものが集まっても、そこから新しいものが出てくることはなく、異なったもの同士が出会ってこそ、新しいものが誕生するということである。その新しさこそが真の対話の土台を可能にする、本物の「以和爲貴」の和ではないかと思う。同様に華厳縁起論に立脚した和諍とは、対立する両者が相即相入であると悟り、両者を対待的・相補的・差異的に認識する。和諍は弁証法的ではなく対待的な会話により、対立的な両者を、同一性に還元することのできない差異それ自体によって引き上げ

てくれるものである。「以和爲貴」の和も和諍の和も共に「和而不同」の和と通じる。このような「和而不同」の和を対話の認識論の観点から見ると、「ポリフォニー（polyphony）」となるだろう。では、ポリフォニーとは何だろうか。

5．おわりに──真の対話のために

　日韓の文化比較は、結局、自他の問題に帰結する。これに関連してバフチン（Mikhail M. Bakhtin）が提示した対話（ダイアローグ）的自他関係を一つの参考点としようと思う。バフチンによると「エクソトピー（exotopy）」は、対話の可能性を創出することにより、他者認識を深化させるための必須条件となる。エクソトピーとは「特定の文化への非従属」あるいは一般的に「時間的・空間的・文化的なすべての外在性（outsideness）」を指す言葉である。対話とは、常にある「問い」と「答え」によって成り立つものであるが、このような問いと答えは自他におけるエクソトピーを前提とする。エクソトピーが前提となって初めて、すべての答えは新しい問いを生むことができる。そうでなければ、対話はもはや対話でなくなってしまう。新たな問いが生まれない答えは、エクソトピーの不在により、単純な独白（モノローグ）に留まってしまう。独白は分裂が不可避なナルシシズムに陥りやすい。すべてのナルシシズムはある程度、自己崩壊的である。自分自身の中にだけ安住しようとするナルシシズムは、決してどのような調和も完全性も見出すことができない。

　エクソトピーを自他の関係に照らして考え直すと以下のようになる。「私が自身を意識して、自分自身となるのは、ただ自分を他者に向け、他者を通し、そして他者の助けを借りはじめたときにのみ可能になる。自身の内面を見るということは、まさしく他者の目を見ること、あるいは他者の目で見ることであり、結局、私は他者なしに存在することはできず、他者なくして自分自身になることもできない。つまり私は自身の中の他者を見つめながら、他者の中から自身を見なければならない」。

　このようなエクソトピーに基づいたバフチンの対話モデルは、ナルシシズム的な独白の習性と絶縁し、他者の他者性をそのまま認めることを主張

する。これが対話の出発点である。バフチンは『ドストエフスキーの創作の問題』でドストエフスキーを「ポリフォニー」、すなわち多声的小説の創始者と規定する。真の対話は他でもない、このポリフォニーという概念装置によって可能となる。ポリフォニーの本質は音が一つひとつ独立していながら、単旋律の音楽よりも高度に秩序のとれた統一性が担保されるという点にある。ポリフォニーの構成要素はそれぞれが独立し、互いに同化されないまま、十分に価値を持った複数の音である。ポリフォニーは結果的に調和と一致を追求するが、その調和と一致は独白的なものではなく、あくまでも対話的な方法で行われる。言い換えるなら、ポリフォニー的一致は唯一の「一つ」に統合されるような一致を意味しない。つまりポリフォニー的調和と一致は固定された単一の法則に従うのではなく、開放的で自由な論争と対話を前提にするのである。ポリフォニー的世界の認識に立脚した対話は、すべての議論を受け入れながら、調和と一致という理想を追求していくという点で、相対主義や独断主義とは根本的に区別される。

　バフチンは自他関係が緊張に満ちた闘争の場におかれていることをよく知っていた。人間が他者に対して自己を表現するすべての手段には、緊張に満ちた自他の間の相互作用が繰り返される。そこには両者の間の平衡と調和を維持しようとする動きだけでなく、闘争的な攻撃性、相手に対する無知、意識的な相互無視、挑戦、否認などが共に存在する。バフチンは、このような緊張性において対話を把握した。そういう自他の緊張性の中から他者の言語に対する信頼と謙虚さとを学ぼうという姿勢、その中に隠された意味を見つけ出し、露わにし、賛同すること、無限に異なるニュアンスと意味に意味を、または音に音を重ねること、同一化ではなく、融合による強化、多くの音の組み合わせによる理解の補足、理解されたものの枠を超えることなどを通して、対話的関係の核心的な形式を読み込もうとしたのである。

　ゆえに、ポリフォニー的対話の関係性を回復することこそが比較作業の一つの代替案になりうるのではないかと期待する。その際、相互比較は、類似性や差異性の単純な羅列を超え、すべての差異のエクソトピー（外部

性、他者性、異邦性、周辺性、地方性）を前提として行われるものにならなければならない。こうしたヴィジョンと関連して『銃・病原菌・鉄』の著者、ジャレド・ダイヤモンド（Jared M. Diamond）が提示した以下の提言に耳を傾けるべきだろう。

　　今日、韓国と日本は共に経済大国になった。しかし、朝鮮海峡を挟んだこの二つの国は、誤った神話と残酷な過去という屈折したレンズを通して相手を眺めている。この重要な二国の人々が互いの共通点を発見できずに対立を続けるなら、東アジアの未来は暗いことだろう……アラブ人とユダヤ人の場合と同じく、韓国人と日本人は同じ血を分けながら、長い間、互いに対する敵意を育ててきた。しかし、東アジアと中東におけるこれらの反目は共に解決していくことができる。韓国人と日本人はなかなか首肯しないだろうが、彼らは成長期を共に過ごした双子の兄弟のようなものだ。東アジアの政治的未来は両国が古代に積み重ねた絆をうまく再発見できるかどうかにかかっていると言っても過言ではない。

　上の提言は日韓両国間の対話は選択ではなく必須であることを物語っている。本章は〈十七条憲法〉に代表される日本型の和と、元暁の和諍思想に代表される韓国型の和の比較を通して、この対話の前提とすることができる認識論的共通点の発見可能性に着目した作業であった。真の共通点の発見とは、単に現象的な共通点、すなわち類似性や同一性を見つけること（視線）ではなく、次の認識論的な二段階を通して、互いに相手の最も暗い部分までも覗きながら、自らを省察（凝視）することができるときに可能となる。まずは互いに同じ方向を見る。この時、両国は東アジアと人類の平和な未来のために貢献するという普遍的な目的を共有する。第二に、このために絶えず互いに繰り返し向き合い続け、互いの違いを認識し理解する中で真の共通点を発見する。このような共通点の発見は和而不同の和、すなわち両国間のすべての差異を統摂するポリフォニーの創出を意味する。

　文化的次元に限定すると、韓日の多様な文化コードや文化観念を実体的なものとして固定させようとする意識の属性を牽制し続けるなら、その中で最終的に韓国人と日本人の意識の地平は融合していくだろう。繰り返すがそれは和而不同、つまり同ではなく和の地平であるポリフォニーを目指すことである。互いの違いを違いとして認め、尊重し、いとおしみながら、様々な違いを不断に疎通させ、その中から人間学的な普遍の原理と真の共通点を見出そうと努力するとき、初めて韓日文化間の未来志向的な対話は完全なものとなる。

　ならば日本型の和と韓国型の和から我々が見つけることができる普遍の原理と真の共通点とは何であろうか。特に「和諍」の裏には人間界のあらゆる争論状況に適用できると考えられる高いレベルの普遍原理と共通点が読み取れるし、それを〈十七条憲法〉の条文と対応させることは可能ではないかと思う。和諍の普遍原理は次の三種類に要約できる。

　　①各主張の部分的妥当性（一理）を弁別して受容するという原理。
　　②すべての争論を超える認識論的基礎としての執着を捨てた心の境
　　　地、すなわち一心を開く必要があるという原理。
　　③縁起的思惟に依って言語の非実体論的性質を正しく理解しなければ
　　　ならないという原理。

　このうち、②が高度の宗教的・修行的次元の原理であるとすれば、③は学問的次元である程度、接近可能な原理であるだろう。これに比べ、どの原理より争論の一般的な状況に適用することができ、広く採択可能で常識合理性に訴える力をもつ普遍的な原理である①は、現実的な実際の葛藤状況にかなり適用できるように思われる。元暁自身も和諍論法で最も重視し、頻繁に駆使したこの原理は実はすでに広く用いられている合理的な慣行であり、方法である。

　〈十七条憲法〉の場合「正しいか間違っているかの是非は決して固定されたものではない」し、「人は誰でも賢明さと愚かさを共に備えた凡夫」であると考える第10条と「和を導き出すためには、事を独断で決めず、

すべてを衆人と共に議論すべき」という第1条と第17条に、①の原理と相通じる発想を垣間見ることができる。正しいか間違っているかという問題を一度、括弧で括ったまま、誰にでも多少なりとも知恵があると考えるなら、自分と異なった考えの部分的な妥当性を認めることができるようになり、議論を通じて他者の対立する意見を弁別的に収斂することが可能となるからである。また我執を離れた「和敬清寂」あるいは「一期一会」の和と同様に「他者が自分と考えが違うと言って腹を立てずに、心の怒りを治めること」を説く〈十七条憲法〉第10条と一乗思想に立脚した第2条の「篤敬三寶」の精神は、原理②と同じ脈絡にある。

　一方、原理③のうち、縁起的な思惟は〈十七条憲法〉の和の原理にも通底している。しかし言語の本質問題に直接対応する一節を見つけるのは難しい。言語的次元から見ると、すべてのものは最終的には相対的に成立するので、肯定と否定が「自在」になりうる。自在とは肯定はするが最後まで肯定にしがみつくことはなく、否定はしても最後までそれにこだわらないことを意味する。そして元暁は『金剛三昧論』で、次のように述べている。

　　　このようなわけで、同意もせず、異議提起もせずに説く。同意しないというのは、言葉通りに捉えるとすべてを許さないからであり、同意しないわけではないというのは、その意図を生かして聞くなら、許されないことはないからである[13]。

　対話において、我々は肯定にも否定にも執着してはならないのだ。言語はそれ自体、限界を持つものなので、それにしがみついてはならず、それが伝えることのできる側面を執着なしに受け入れる必要がある。相手の言葉を意図を生かして聞くなら、多くのことを容認できるだろう。

　すでにこのような言語の本質に関する問題には学問を通して接近できると述べた。最後に微妙な差異を露呈している韓日両国の学問性について敷

13　「是故非同非異而說非同者如言而就皆不許故非異者得意而言無不許故」（『金剛三昧經論』）。

衍することで本章を終えたい。韓国の学者はソンビの末裔であるという強[14]
い自負心を持っている。それはしばしば政治参加や社会参加の原動力とし
て作用し、韓国社会の発展に寄与する一要因となりもするが、逆に「ポリ
フェッサー」という非難の調子を帯びた言葉によく象徴されているよう[15]
に、それによる副作用も少なくない。一方で福沢諭吉は『学問のすゝめ』
で「学問をするには分限を知ること肝要なり」としながら、「およそ人た
る者はそれぞれの身分あれば、またその身分に従い相応の才徳なかるべか
らず。身に才徳を備えんとするには物事の理を知らざるべからず。物事の
理を知らんとするには字を学ばざるべからず。これすなわち学問の急務な
るわけなり（人間にはそれぞれの立場があるが、その立場に相応しい「才徳」
がなければならず、その才能を発揮するために熱心に学ばなければならない）」
という結論に至っている。これにより従来の日本の学者たちは多分に「役
の原理」に従い一種の専門職業人として機能する側面を備えていたが、今
日、福沢の学問観に魅力を感じる日本の知識人はそれほど多くないだろ
う。しかし周知のように学問性は常に党派的で政略的な政治論理に巻き込
まれやすいものである。それでも学問が持つ普遍への指向性を放棄しては
ならない。本章で扱った「和」の認識論的地平も普遍的指向性を発見する
ためのものであった。普遍的指向性を探求する対話の場で、韓日の学者た
ちの出会いが続くことを念願するものである。

14　朝鮮時代の儒者を指す韓国語。
15　ポリティクス（政治）とプロフェッサー（教授）を合わせた造語。

第2章 ポストコロニアルな視角から眺めた戦後の日韓関係

——1990 年代以降を中心に

佐野 正人

1．2019 年の日韓関係をめぐる事態

　2019 年の後半、日韓関係は急激に悪化した。半導体関係の輸出規制を日本が強化し韓国を「ホワイト国」から除外したことに端を発し、韓国がそれに対し対抗措置を取ったことに起因したものである。確認のために、時系列を整理しておくと次のようになる。

2018 年 10 月 30 日　韓国大法院が新日本製鉄（現日本製鉄）に対し韓国人 4 人へ 1 人あたり 1 億ウォンの損害賠償を命じる判決を下す（いわゆる徴用工訴訟）

2019 年　7 月　1 日　日本の経済産業省が半導体材料 3 品目について個別輸出許可へ切り替えると発表。韓国を「ホワイト国」から除外することを検討。これに対し韓国では日本製品不買運動や日本への旅行のキャンセルが相次ぐ

　　　　　8 月　2 日　日本政府が韓国を「ホワイト国」から除外する旨を定めた輸出貿易管理令を改正する政令を閣議決定

1　いわゆる「ホワイト国」とは、日本の安全保障貿易管理の枠組みの中で、大量破壊兵器及び通常兵器の開発に使われる可能性のある貨物の輸出などを行う際、経済産業大臣への届け出および許可を受けることを義務づけた制度（キャッチオール規制）において、優遇措置を認めた対象国を呼ぶ。現在は「ホワイト国」という呼称は使わず、「グループ A」と呼ばれる。

　　　　　8 月 22 日　韓国大統領府が日韓秘密軍事情報保護協定
　　　　　　　　　　（GSOMIA）の破棄を決定。
　　　　　9 月 18 日　韓国が「ホワイト国」から日本を正式に除外
　　　　　11 月 22 日　韓国は日本に対する WTO 提訴の手続き及び「日
　　　　　　　　　　韓 GSOMIA の終了通告」の効力を停止すると
　　　　　　　　　　発表

　元々、2018 年 10 月にあった韓国大法院による元徴用工に対する補償
を命じた判決に対して日本政府が徴用工への補償は 1965 年の日韓請求
権協定によって「解決済み」として強く反発したことに起因しているが、
2019 年 7 月の半導体材料の輸出管理厳格化措置について、韓国では徴用
工問題をめぐった「経済戦争」と捉えられ、日本製品の不買運動や日本旅
行のキャンセルなどの市民レベルでの運動が繰り広げられた。また、韓国
政府は半導体材料の国産化に毎年 1 兆ウォン（約 1000 億円）の支援を行
うことを発表し、官民挙げての対抗措置が取られていくことになった。
　それに対して、日本では輸出管理厳格化措置について世論調査での「支
持」が 71％に上り、「ホワイト国」からの除外に関しても世論調査では
67.6％の「支持」が、「不支持」の 19.4％を大きく上回った。また、月刊
誌では「韓国という病」（『月刊 Hanada』2019 年 10 月号）、「NO 韓国——絶
縁宣言！」（『月刊 WiLL』2019 年 10 月号）、「大特集　病根は文在寅」（『正
論』2019 年 10 月号）、「総力特集　日韓断絶」（『文藝春秋』2019 年 10 月号）、
「特集　政冷文熱のゆくえ　韓国という難問」（『中央公論』2019 年 11 月号）
などの特集が組まれ、テレビでのワイドショーなどでも連日のように扇動
的な韓国報道が繰り広げられていく。
　このような一連の日韓の間での紛争を通して、様々な問題が日韓の間に
あることが改めて浮き彫りとなった。ことに日韓の関係を専門としている
研究者にとって、この事態をどのように捉え、どのように反応するべきな
のか、そして何がこれまでの韓国研究あるいは日本研究にとって足りな
かったのか、等々の問題について深い反省を促す機会となった。この事態
を通じて日韓関係をめぐる文化的、歴史的、社会的なコンテクストに、何

か大きな変化が起きていることが直感的に感じられたためである。

　この問題についてはグローバルな視点から様々な専門の研究者による多角的な検討がなされなければならないだろうが、個人的に今回の一連の事態を見て強く感じた点をまずいくつか挙げておきたい。

　一つは、日韓の間でのコミュニケーションにはいまだに深い断絶があるということが再確認されたことであった。2000年代に入ってから「韓流ブーム」や「K-POPブーム」という形で、さらに最近では韓国の食文化やファッション、コスメなどの大衆文化全般にわたる流行が特に若い世代を中心に見られるようになったにもかかわらず、日韓の間でのコミュニケーションにはいまだに深い断絶が存在していることが今回の事態で明らかになった。ことに輸出管理厳格化などの措置に対する世論調査の結果、過半数を超える60〜70%の国民が日本政府の措置を支持していることは象徴的であり、そのことは多数の日本国民が従来の日韓のコミュニケーションのあり方に深い不満を抱いていたことを表している。また、それに関して今回の一連の事態では、保守政治家、保守的メディアだけに限らず、総合月刊誌を代表する『中央公論』や『文藝春秋』といった雑誌までが「日韓断絶」「韓国という難問」などの特集を組んでおり、「反韓」的な感情は保守層にとどまらない日本の広い層に共有されていることが改めて浮き彫りになった。

　そして、もう一点として、今回の一連の事態においては従来の保守政治家やジャーナリズムにおいては用いなかったであろうような過激な表現と扇動的な言葉が、広範に用いられたということを挙げることができるだろう。先に上げたように「断韓」「NO韓国」「厄介な隣人」「韓国人という病理」などといった言葉がメディアで飛び交い、ワイドショーの司会者やコメンテーターがヘイトスピーチを繰り広げる光景が2019年の後半の日本では連日のように見られた。そのことは今回の一連の事態の新しい側面として考えることができるだろう。韓国との間にあった慰安婦問題や徴用工問題などの歴史認識問題については、従来の日本の政治家やジャーナリズムにおいては戦争責任との兼ね合いで正面から取り上げることは憚られるような問題として扱われてきた。特に1990年代までの日本の政治家、

ジャーナリズムにおいては韓国に対する植民地責任は自明のこととして存在し、それを暗黙の前提として韓国に対する政策等が取られてきたものと考えられる。しかし、1990 年代に入り「新しい歴史教科書をつくる会」（1996 年結成）や「日本会議」（1997 年設立）などの団体によって「自虐史観」に変わる新たな歴史認識が提唱されはじめ、さらに 2010 年代に入って「戦後レジームからの脱却」を掲げた安倍晋三首相によって、この動きは加速された。日韓関係に関しても、このような 1990 年代以降の流れが大きく作用していることは明らかである。韓国に対する植民地責任を「謝罪外交」や「自虐史観」と見なし、もはや韓国に対する歴史的な責任を永遠に負い続ける必要はないとするこのような新たな歴史認識によって、従来の日韓関係に関する「暗黙の前提」は顧みられなくなったと言うことができる。それが今回の一連の事態における過激な表現や扇動的な言葉が生まれる背景となったものと考えられる。

　繰り返せば、今回の事態を通じて感じられた特徴として、

　　①「韓流ブーム」などの感情的な親近感にかかわらず、日韓のコミュニケーションには深い断絶が今なおあり、日韓のコミュニケーションのあり方への不満は日本人の広い層に共有されている点
　　② 1990 年代以降の新たな潮流として、日韓関係に関する「戦後レジーム」を否定する動きの中で、今回の一連の事態に見られるような過激な表現や扇動的な言葉が使われる現象が生まれたという点

という 2 点が挙げられるように思える。

　これらの点に関して、どのように捉えるべきか、またどのように反応し対応していくべきか、そしてこれまでの韓国研究あるいは日本研究に何が足りなかったのかをめぐって、考えていきたい。

２．日韓関係を眺める複合的視線

　今回の事態にとどまらず、戦後の日韓関係はほぼ常に対立と協調、葛藤と和解といった複合的な様相の中で展開してきた。また、それによって両国の関係には一義的な解釈が困難な両義性の領域がつきまとってきた。1965 年の日韓基本条約や日韓請求権協定もそのような対立と協調といっ

た両面性の中で結ばれたものであり、その後の教科書問題、慰安婦問題、徴用工問題などの様々な局面も対立を抱えながら協調を求めるという性格を持っていた。つまり、戦後の日韓関係に関しては多面的で複合的な性格が常に見られ、それに応じて研究者や政策立案者といった対応する側にも複合的な視線が必要とされるものと考えられるのである。

　このような日韓関係を眺める際に要求される複合的な視線に関しては、朴裕河氏の著書『和解のために』に次のような叙述があり参考になる。

　　和解なき「友情」は幻想にすぎない。「和解」のためには、なによりも、過去に国家が犯したことがらに対して責任を負うべき主体と対象が、決して単一ではないとの認識が必要である。そして「日本」や「韓国」という主体を安直に名指してすますのではなく、日本の誰が、韓国の誰が、そして彼らのどのような思考が、内部／外部の他者を支配と暴力の対象とみなすよう仕向けたかを考えるべきである。複雑な様相をみせる、それゆえにわたしたちを混沌の淵に追いやっている事態を単純化しない忍耐心こそ、理解と和解の糸口を開いてくれるに違いない[2]。

　このように決して事態の「責任を負うべき主体と対象」が単一ではない、という認識を持ちつつ「忍耐心」をもって事態を解きほぐしていくことこそが求められているのだと考えられる。上で述べられているような対象を「単一」なものとして単純化する思考に関して、朴裕河氏は「本質主義的[3]」な態度というように呼んでいるが、今回の事態において露わになったような日韓の「本質主義的」な相互不信と非難の応酬という罠から免れるためにも、上のような複合的で忍耐強い態度がますます重要になってくるだろう。

　今回の事態を含めて戦後の日韓関係が絶えず葛藤と緊張をはらんだもの

2　朴裕河『和解のために──教科書・慰安婦・靖国・独島』平凡社ライブラリー、2011年、293頁。
3　同書、111頁。

であったのには、そのような複合的で多面的な日韓関係の性格が関わって
いた。そこでは単なる二国間の外交関係といった政治的・法的な次元を越
えた問題が常につきまとってきたからである。「歴史認識問題」と呼ばれ
てきたこのような問題は、政治的・法的な次元を超えたよりイデオロギー
的で思想的な次元を日韓の二国間関係が持っていることをはからずも象徴
していると見ることができる。「歴史認識問題」と呼ばれる問題領域は、
政治的・法的な領域にとどまらず、政治思想やイデオロギーの領域、歴史
観や社会観をめぐる領域、人権をめぐる領域などが相互に深く絡まった、
複合的で多層的な性格を持っている。また、国民の世論形成といった点か
ら見れば、マスメディアや映画・ドラマなどでの扱われ方、描かれ方とい
うことも無視できない領域をなしている。それらの国民的な歴史意識の形
成と変動の中で、「歴史認識問題」は存在してきたし、今回の事態もまた
相互の国民的な歴史意識のあり方を抜きにしては論じられないものと考え
られる。

　その意味で本論では、様々に論じられうる今回の事態に関して特にマス
メディアや映画・ドラマなどを通じた歴史意識の形成や変動といった側面
に中心をおいて論じていくことにしたい。本来ならより包括的な政治思想
やイデオロギー、社会観や歴史観といった領域を並行して触れていくべき
だと思われるが、そのような作業は今後の課題とし、まず国民的な歴史意
識の形成や変動といったことを、特に1990年代以降の状況を中心に整理
していくことにしたい。

3．1990年代韓国の民主化
──メディアの／メディアによる革命

　1990年代には日韓関係をめぐって大きな変化が生じている。日韓の間
でのいわば構造的な変化がこの時期に生じていると見られるのである。例
えばそれまで公論化されることのなかった慰安婦問題のような歴史問題が
政治的な焦点となったり、民間の組織や団体、さらにはメディアや映画な
どといった多様なプレーヤーの声が日韓関係の領域に響いてくるようにな
るのがこの時期なのである。

　そこには言うまでもなく韓国での民主化という事態が大きく関係しており、さらには1989年の冷戦の終結によるグローバル化の中に日韓関係も置かれたことが関わっていたと考えられる。1980年代の軍事政権に対する民主化運動を経て、韓国では1987年に六月抗争によって民主化宣言がなされることになる。[4] 権威主義的な軍事政権に終止符が打たれたことで、それまで抑圧され表面化されることのなかった多様な主体たちの声がメディアを通して公論化されていく。そこには民主化の流れの中で新たに誕生してきたメディアの果たした役割を見逃すことはできない。例えば国民株式の形態をとって、募金運動によって創刊資金を集めた『ハンギョレ新聞』が1988年に誕生したり、1991年にはKBS、MBCに続いて第三のテレビ局としてSBSが開局し、それまでの二局による寡占体制が破られていくことなどを挙げることができる。民主化後の1989年から1993年までの間に、新聞は32紙から66紙に増加し、週刊誌は201誌から647誌に増加したと言われている。[5] つまり、韓国の民主化とはメディアの革命でもあり、またメディアによる革命でもあったのである。

　このようなメディアの／メディアによる民主化は、日韓関係にも大きな影響を与えることとなった。それまで抑圧されてきた歴史認識に関する問題が、それらのメディアによって公論化されることになったためである。特に慰安婦問題はこのようなメディアの／メディアによる民主化の性格をよく示したケースとなった。先に触れた『ハンギョレ新聞』は1990年1月4日から24日にかけて尹貞玉の記事「挺身隊（怨念の足跡）取材記」を連載し、この数年間にわたる取材旅行を基にした元慰安婦たちの足跡を

4　1980年代の民主化運動の中で、大統領の直接選挙制を求める世論が高まったが、全斗煥大統領は1987年4月13日に憲法改正を行わず現行憲法どおりの間接選挙を行う「4・13護憲措置」を発表した。時を同じくしてソウル大学校学生の朴鍾哲が警察による拷問で死亡した事件とそれに関わる隠蔽工作が発覚し、政権の道徳性に対する批判が高まり、民主化の機運がさらに盛り上がった。その結果、6月10日の大規模デモ（6・10デモ）から約20日間にわたる全国的なデモが繰り広げられ、事態の深刻さを痛感した政府与党は、盧泰愚民正党代表最高委員による大統領直接選挙制改憲と88年の平和的政権移譲を約束したいわゆる「6・29宣言」を出し、事態の収拾を図った。
5　강준만『한국 대중매체사』（カン・ジュンマン『韓国マス・メディア史』인물과사상사，2007年）580頁。

追った記事によって、慰安婦という存在が公論化されることになった。それによって韓国では多くの女性関連団体が集まり「韓国挺身隊問題対策協議会」が結成されるとともに、翌年の 1991 年には元慰安婦であった金学順氏が初めて慰安婦であったことを名乗り出て、その後他の慰安婦たちも現れてくることになる。つまり、ここで明らかに示されているのは、元慰安婦たちのカミングアウトよりも『ハンギョレ新聞』というメディアによる公論化が先行して行われていることであり、メディアと民間団体が主導した形で慰安婦問題は提起されたという点である。

　このようなメディア主導の歴史認識問題の提起という性格は、その後も引き続き見られていく。1991 年に放映された MBC の連続ドラマ『黎明の瞳 (여명의 눈동자)』では、慰安婦の女性主人公が描かれることで、韓国の大衆的な想像力の中に慰安婦という存在が定着されることになった記念碑的ドラマとなった。平均視聴率 40％強、最大視聴率 58.4％という高い視聴率を記録し、第 28 回百想芸術大賞テレビ番組部門で大賞・作品賞・最優秀演技賞（男優・女優）を含む 6 部門で受賞し、大きな話題となった。この『黎明の瞳』が放映されたのが 1991 年 10 月から 1992 年 2 月のことであり、その期間に前後して 1991 年 8 月に金学順氏のソウルでのカミングアウトを行った記者会見、1991 年 12 月に金学順氏らの 3 名の元慰安婦を含む 35 名の原告が日本政府を相手取り、謝罪と補償を求めて提訴、といった実際の慰安婦をめぐる政治的な事件が並行して進んでいることが分かる。つまり、歴史認識をめぐる問題はメディアや民間団体を主要なプレーヤーとして、国民的な世論の形成と同時進行する形で展開されていく様相を見せているのである。この点が 1990 年代以降の歴史認識問題を規定する新たな構造的要因となり、その構造は 2020 年代の現在まで引き継

6　『黎明の瞳』は、17 歳で日本軍の慰安婦として連れ去られたヨオクと、日本の陸軍第 15 師団に学徒兵として強制徴集された大学生デチを主人公とした MBC の大河ドラマだが、このドラマの制作については「韓国のテレビドラマ史上、一つの『事件』だった」という評価がカン・ジュンマンによってなされている（カン・ジュンマン『韓国マス・メディア史』인물과 사상사、2007 年）。全 36 編の制作に 40 億ウォンが投じられ、出演俳優は韓国 150 名、フィリピン 40 名、中国 90 名に加え、エキストラ俳優として韓国人 2 万名、中国人 5000 名、フィリピン人 2000 名が使われたと言う。

がれていると見ることができる。つまり、政治的、法的次元を超えた多様な民間のプレーヤーによって歴史認識問題が提起され主導され、それに政治が押されて動き出すという構造が 1990 年代以降の韓国では顕著に見られていくようになるのである。

　このような歴史認識問題の新たな構造的変化に対して、日本側はどのように対処したのであろうか。次にその点について見ていくことにしたい。

4．日本の対応——日本型和解モデルと思想・メディアの変化

　1991 年に韓国で慰安婦問題が提起され、1991 年 12 月に金学順氏らによる日本政府の謝罪と補償を求める提訴が行われてから、日本側は紆余曲折を経ながらもその問題提起に対して対応する姿勢を示そうとする。初めには軍の関与を否定していた日本政府だが、1992 年 1 月に『朝日新聞』に「慰安所、軍関与示す資料[7]」という記事が出たのをきっかけとして軍の関与を認める姿勢に転じ、調査に乗り出すことになる。1993 年 8 月にはその調査結果を公表するとともに、当時の内閣官房長官であった河野洋平によって旧日本軍の強制連行を認める「河野談話」が発表される。

　1994 年には当時の村山富市首相によって問題解決のために国民の参加をえる構想が発表され、それは翌 1995 年 7 月に「女性のためのアジア平和国民基金」（アジア女性基金）という形で実現される。また、戦後 50 周年を迎えた 1995 年 8 月 15 日には日本による侵略戦争や植民地支配について公式に謝罪する「村山談話」が発表されるという一連の動きが見られていくことになる。

　このような一連の日本側の対応に関しては、政府が主導しながらも民間の参加と募金を得る形での「和解」を目指したいわば日本型戦後和解のモデルを目指したものと評価できるように思われる。しかし、このような民

7　1992 年 1 月 11 日の『朝日新聞』は、1 面トップで「慰安所、軍関与示す資料」「防衛庁図書館に旧日本軍の通達・日誌」「部隊に設置指示　募集含め統制・監督参謀長名で、次官印も」という見出しの記事を掲載したが、この記事は 1 月 16 日に予定されていた宮澤喜一首相の訪韓直前に出されたこともあり、翌 1 月 12 日、加藤紘一官房長官が日本軍の関与を認め、13 日には謝罪の談話を発表し、16 日に訪韓した宮澤首相は 17 日の日韓首脳会談で公式に謝罪するなど、大きな反響を呼ぶこととなった。

間の参加による「和解」を目指した日本型モデルは、日本政府の法的責任と国家補償を求める韓国の前に、挫折の道をたどることになる。1996 年には「アジア女性基金」によって慰安婦 1 人あたり 200 万円の「償い金」および「総理の手紙」を給付することを発表するが、韓国では激しい反対活動が展開され、「償い金」を受け取ると表明した 7 名だけが手紙と償い金を受け取るにとどまった。一方で、この時期問題は国際的な広がりを見せるようになり、フィリピン、台湾などでの元慰安婦の名乗り出と日本政府を相手とした訴訟が起きたり、1996 年に国連人権委員会にスリランカのクワラスワミ氏が報告書を提出したり、1998 年には国連の差別防止・少数者保護委員会にマクドゥーガル氏が報告書を出したりといった動きが見られていく。2007 年にはアメリカの下院で慰安婦問題をめぐって日本の謝罪と補償が必要であるという決議が採択されるなど、問題は国際的な次元で展開する様相を見せていくことになる。

　それ以降の展開についてはここでは詳述しないが、おおよそ上のような状況が 1990 年代以降引き続き見られていき、現在にまで至るものと見てよいように思われる。繰り返せば、日本の日本型和解を目指す動きの挫折、および韓国の主導による問題の国際化といった動きのことを意味している。このような 1990 年代以降の状況が、今回の 2019 年の一連の事態の背景となっていることを改めて確認しなければならないだろう。

　先に冒頭で、今回の一連の事態に関して日本側の韓国とのコミュニケーションのあり方に対する強い不満がその背景としてあったことを示唆しておいた。月刊誌やバラエティー番組などで噴出した「反韓」的な強い表現がもしそのように韓国とのコミュニケーションのあり方に対する不満の表出と解釈できるならば、そこには 1990 年代以降の上のような状況に大きな原因を持っていたと言うことができる。つまり、1990 年代に韓国の慰安婦問題の提起に対して日本側が行った対応――「アジア女性基金」や「村山談話」に代表されるような――が結局韓国側の理解を得られず挫折に終わった点、そしてそれ以後の展開において国際的な問題の広がりを韓国が主導したのに対して日本側が守勢に回らざるをえなかった点が、1990 年代以降の日韓関係の底流を規定しており、それへの不満が安倍元

首相らの言う「謝罪外交」や「自虐史観」への訣別という形で今回の事態を通じて表面化したものと見られるのである。

　しかし、ここで検討してみたいのは 1990 年代以降の日本において、より内面的な変化が起きていたのではないかという点についてである。上で見てきたような日韓関係の情勢とはある程度独立したものとして 1990 年代の日本には内面的・思想的な変化の兆しが見られるようになってくる。

　例えば「村山談話」の出された 1995 年には終戦 50 周年を記念して『君を忘れない』（日本ヘラルド映画）、『THE WINDS OF GOD』（松竹）、『きけ、わだつみの声 Last Friends』（東映）、『ひめゆりの塔』（東宝）などの映画が各社によって作られている。これらの映画には従来の反戦映画の枠組みとは異なるある共通した特色が現れていた。その特色とは現在の若者がタイムスリップして戦争時の若者の生活を追体験するという体裁をとっている点に見られる。『君を忘れない』『THE WINDS OF GOD』『きけ、わだつみの声 Last Friends』の 3 本がいずれも同様にタイムスリップの枠組みを取っていて、このことは現在の日常にある意味で地続きの体験として「戦争体験」を捉え返そうとする意図を感じさせる。特に、『君を忘れない』『THE WINDS OF GOD』の 2 本は現代の若者が特攻隊員としてタイムスリップするという枠組みを共有しており、特攻隊員を「普通の若者」として描くタイプの新しい試みだったと言うことができる。

　また、1998 年には「極東国際軍事裁判 50 周年記念作品」として『プライド・運命の瞬間』（東映）という映画が作られている。これは極東国際軍事裁判（東京裁判）で A 級戦犯として裁かれた東條英機を主役として描いた映画であり、戦争責任を敗戦国に全て押しつけようとする連合国に対し、東條が法廷において「たったひとりの戦い」に挑むというストーリーであった。東條英機を従来の「A 級戦犯＝悪玉」として描くのではなく、一人の「良き人間」として描いた作品である。

　この時期には「新しい歴史教科書をつくる会」（1996 年結成）や「日本会議」（1997 年設立）などの団体が生まれているが、映画やメディアにおいてもそれと並行するような変化が起こっていたということもできる。戦後 50 年を経て、日本の様々な領域で「戦後」に対する問い直しと地殻変

動が起きていたのだと見ることも可能だろう。従来の「戦後」に対する認識の枠組み（戦後レジーム）では、彼ら「特攻隊員」や「A級戦犯」たちを肯定的に描くことはまず考えられなかったはずであり、そこには従来の戦争観や「特攻隊員」「A級戦犯」たちに対する認識の枠組みを破ろうとするはっきりした意図が存在していたためである。

このことは一般的に日本の「右傾化」というように政治的なものとして捉えられがちだが、むしろ戦後50年を経て戦争の直接的な記憶が薄れる中で、「戦後レジーム」の中でタブーとされてきた領域や人々の存在が再評価される一連の動きだったと見られるし、その意味で従来の「戦争」観の問い直しといった側面を持っていたように思われる。

2000年代に入ってからもこのような現代と地続きの時代として戦争を捉え、「普通の人間」として軍人や特攻隊員、戦犯たちを描き出すようなタイプの「戦争映画」は引き続き作られ続けていく。『男たちの大和／YAMATO』（終戦60周年記念作品、東宝、2005年）や『僕は、君のためにこそ死ににに行く』（東映、2007年）、『永遠の0』（東宝、2013年）などの作品が挙げられる。日本の「戦争」の問い直しと再評価はその意味で、現在進行形で行われているものだと言えるだろう。

5．日韓のコミュニケーションの断絶を越えるために

このように見てくる時、1990年代には韓国と日本とでほぼ同時的に大きな歴史意識の変化があったことが分かってくる。また、その変化はマスメディアや映画による表現を伴うような国民世論の変化といった形において両国で同時的に起きていたことも分かる。

そのように両国における国民的な意識や内面・思想の変化といったことを考えていくと、戦後50年を経て、両国において大きな地殻変動が起こっていたことが明らかとなってくる。いずれの国においても戦争の直接的な記憶が薄れていくと共に、また冷戦体制が崩壊しグローバル化が進んでいくのに伴って、「戦争」や「戦後」をめぐる歴史認識に対して問い直しと脱却の動きが起きはじめていたと見ることができる。冷戦体制によって表面化されることなく抑圧されてきた「戦争」や「戦後」の記憶が、冷

戦体制の崩壊とともに各国で公論化されるようになったものと見ることもできるだろう。そのように考える時、日本と韓国とは大きなグローバル化という流れの中で同時的な対応をしたと見ることも可能だろう。

　ただ、韓国と日本とではその「歴史認識」に対する方向性は異なっていたと言わざるをえない。1990 年代の韓国で声を挙げはじめたのが、元慰安婦をはじめ、元徴用工やサハリン、極東、中央アジアなどの残留韓国人たち、といった戦争時の総動員体制の最底辺部で被害を受けた「弱者たち」であったのに対して、日本で「戦後レジーム」の中で抑圧され忘れられてきた存在として 1990 年代に再評価されていったのは特攻隊員や A 級戦犯といった「強者＝加害者たち」であったからである。両国において 1990 年代に入って声を上げはじめ、存在が再評価されることになった人々は、それゆえ対極にあったと見ることができるだろう。

　また、韓国において元慰安婦や元徴用工らの声が公論化されるようになったことは、必然的に「戦争被害」という問題を改めて提起することにつながったのに対して、日本で特攻隊員や A 級戦犯を「普通の青年」「良き人」として名誉回復することは、彼らの戦争体制の中で行った行為を免罪することにつながる性格を持っていたと見られる。したがって、「戦争」の記憶の問い直しの方向性や「戦争」観といった側面でも、両国のベクトルは相反する性格を持っていたと言うことができる。

　改めて、このような 1990 年代以降の日韓の状況を踏まえて、2019 年来の一連の事態に立ち返ってみたい。先に 2019 年の輸出管理厳格化やホワイト国除外などの事態をめぐって、二つの特徴を挙げておいた。繰り返せば次の二つである。

　①「韓流ブーム」などの感情的な親近感にかかわらず、日韓のコミュニケーションには深い断絶が今なおあり、日韓のコミュニケーションへの不満は日本の広い層に共有されている点
　② 1990 年代以降の新たな潮流として、日韓関係に関する「戦後レジーム」を否定する動きの中で、今回の一連の事態に見られるような過激な表現や扇動的な言葉が使われる現象が生まれたという点
　このような特徴が今回の事態において現れたのには、これまで見てきた

1990 年代以降の日韓での歴史認識をめぐる変化が深く関わっていたことが分かってくる。1990 年代の冷戦終結と韓国の民主化によって、日本と韓国では「戦争」や「戦後」に対する認識の枠組み（＝戦後レジーム）を破ろうとする動きがほぼ同時的に現れてきたが、その方向性は対照的なものだったと言いうる。マスメディアや映画などを巻き込んだ思想戦の焦点として扱われたのが、韓国においては元慰安婦や元徴用工であったのに対して、日本では特攻隊員や A 級戦犯たちであったことは、その方向性の違いを象徴的に示している。

　このような日韓における国民世論の変化や「戦争」をめぐる認識の地殻変動によって、両国のコミュニケーションには深い断絶が現れてきたと考えることができる。1990 年代に韓国での慰安婦問題の提起に対して日本側が日本型和解のモデルを示し、それが韓国側の理解を得られず挫折に終わったことを見たが、そこにはより根本的な問題として両国の「戦争」や「戦後」をめぐる歴史認識の溝がこれまでになく広がったということが指摘できるだろう。

　このような歴史認識の溝や断絶がなぜ発生したのかを考えていくと、そこには「植民地」であった韓国と「宗主国」であった日本との立場の違いといった点に行きつかざるをえない。

　「植民地」であった韓国は、戦後の国家再建の中で自らのアイデンティティを再確立する作業の一環として「歴史」の問題に取り組まざるをえず、「歴史の立て直し（역사 바로세우기）」が国家的な重要課題となったことは知られているだろう。特に民主化以後に、歴史の立て直しは重要課題となり、そのような作業の中で元慰安婦や元徴用工の問題も提起されてきたと見ることができる。それは「植民地」としての歴史を現在の「歴史」の中にどのように接続させアイデンティティを構築していくのかという作業の一環であり、ポストコロニアルな国家としての韓国にとって核心的な意味を持つ作業だったのである。

　それに対して日本の歴史認識の変化はどのように評価するべきなのだろう。「戦後レジーム」の枠組みを破り、日本の「戦争」を歴史の中に位置づけ直す試みはやはり国家的なアイデンティティに関わる問題として評価

していくことが可能だろう。冷戦という枠組みが崩壊し、グローバル化した世界の中で日本の立ち位置を再定義していく中で、敗戦国という制約を脱した国家的アイデンティティを模索するようになったことも理解されなければならないだろう。しかし、そこで再評価を要請される対象が特攻隊員やA級戦犯たちという存在であったことはやはり歴史的なバランスを欠いたものだったと言わざるをえない。彼らを「普通の青年」「良き人」として歴史の中に再評価することは過去と現在を接続し、忘れられた存在を歴史の中に復権させることで歴史的アイデンティティを再構築する行為として見なすことができるだろう。しかし、そこには歴史の十全な全体性への感覚が欠けていると言わざるをえない。ここで「十全な全体性の認識」というのは、例えば大岡昇平が『レイテ戦記』の中で行ったように、「戦争」を兵士双方の視点と、また戦争を遂行した幹部や作戦立案者の視点や、さらには現地人の視点までを交えて、総合的・複合的なものとして見る視点のことを指している。また、本来「良き人」である兵士が敵軍の兵士を、あるいは民間人を撃ち殺す加害者となりうることを踏まえた視点のことである[8]。

　このような総合的で複合的な「戦争」観を持つ時、戦犯を名誉回復することは同時にその戦犯によって様々な被害を受けた被害者たちの（例えば元慰安婦や元徴用工たちの）名誉回復でもなければならないことが見えてくるだろう。日本の「戦後レジーム」の中で抑圧され忘れられていた人々がいたように、同時に韓国や他の国々でも「戦後レジーム」の中で忘れられてきた人々が多数存在していた。例えば大陸に残された残留日本人孤児たちが多数いたように、サハリンや極東、さらには中央アジアまで離散した残留韓国人たちはより多数存在していた。そのような「全体性の認識」に立つ時に、互いの戦争から戦後までの経験を交換し、「彼ら」の歴史体験を「われわれ」の体験と接続しうる想像力を持つことができるはずであ

8　大岡昇平は『野火』（1951年）で、レイテ島の山中を彷徨う中で現地の若い女性を撃ち殺してしまう田村一等兵の姿を描いているし、自身の体験を基にした『俘虜記』（1948年）では山中を彷徨う「私」の目の前に幼さの残る米兵が現れた時に「私」はなぜ撃たなかったのかについて詳細に描いている。

る。

　元々、日本と韓国との歴史認識には「植民地」と「宗主国」として越え
がたい溝や断絶が存在するのは必然であったと言える。1910 年から 1945
年に至る「植民地」時期の認識をめぐって根本的な対立が存在する ──
「合法」的な併合だったのか、「不法」な占領だったのか──ことが、その
他の様々な問題を派生していることは争えない。しかし、戦後すぐ日韓の
国交正常化に関わった日韓の先人たちはそのような根本的な対立を争点化
することなく、「もはや無効」[9]というどちらの立場からも解釈できるよう
な文言を置くこととした。そのことはその後の様々な問題を派生したもの
とも言いうるが、根本的な対立を回避した政治上の知恵であったと評価す
ることができる。また、そこには日韓の政治家たちが相互に互いの戦争体
験に対して生きた感覚を持っており、想像力を働かせることができたとい
う事情が関係していたと見られる。ここでの論旨に沿っていえば歴史の
「十全な全体性」への感覚や想像力が、そのような政治的な妥協や譲歩を
可能にしたと言うことができるだろう。

　その意味で、1990 年代以降の日韓の歴史的な体験に関して相互に知る
努力を行い、それぞれの体験を交換しうる「十全な全体性」への想像力を
持ちうる時、2019 年来の事態がどんなに困難に見えても何らかの妥協の
知恵が生み出される余地はあるものと思われる。1990 年代以降のグロー
バル化の中で、日本と韓国とはともに多くの困難に遭遇しながらも経済や
社会のグローバル化に血の滲むような努力をしてきた歴史を持っている。
それらの体験を相互に知ろうと努め、互いに対する「十全な想像力」を持
ちうる時、和解の道への糸口は開かれていくものと思われるのである。

9　1965 年 6 月 22 日に調印された日韓基本条約では、第 2 条で「1910 年 8 月 22 日以前に大
日本帝国と大韓民国との間で締結されたすべての条約及び協定は、もはや無効であることが
確認される」と記された。「もはや」の語句が挿入されることによって日韓併合条約等はかつ
て有効であったが韓国の独立により現在は失効したものと日本は解釈し、一方で韓国は過去
に遡って当初から無効であるものと解釈した。

第3章

日韓関係を歪める言葉

──ねじ曲げられた「恨」

真鍋 祐子

1. はじめに

　日韓関係、ことに歴史認識をめぐる両国の離齬について、その原因を韓国人の「恨」に見出そうとする言説がある。そこには「恨」の意味を怨恨や復讐心に読み替えて、韓国人のネガティヴな文化的本質とみなす作為的な語りも含まれる。そのような「恨」をめぐる誤解と歪曲は、いわゆる「ネトウヨ」（ネット右翼）から知韓派とされる有識者・言論人にいたるまで、日本の言論空間にはびこっているのが現状である。ちなみに「韓国　恨」をキーワードとする「つぶやき感情分析」を活用し、2020年12月7日〜21年1月5日に投稿された関連ツイート253件を分析した直近のデータでは、93%が「恨」をネガティヴにとらえていた（図1）。

　Google検索エンジンによる「韓国　恨」の検索数（1990〜2020年）は、図2のように推移している。2000年代半ばより漸増するが、2017年からは急増し、2019年から20年にかけては倍増している。だが、いかなる文脈と意味で「恨」が使われるかという内訳は、年代によってかなりの隔たりがあるようだ。2010年以前には学術論文や文化（伝統芸能、映画、歌謡）関連記事がほとんどであり、「恨」は文化本質主義的な分析概念として用いられる。その後、個人ブログで言及される事例が散見されはじめ、つづいて新聞、雑誌、ウェブ・ジャーナルへと拡大した。これは東日本大震災をへて第二次安倍政権が発足した時期とちょうど軌を一にし、また排外主

1　Twitter上の投稿を分析し、検索したキーワードに対するユーザーの感情を「ポジティヴ」「ネガティヴ」の割合でグラフ表示する機能をいう。

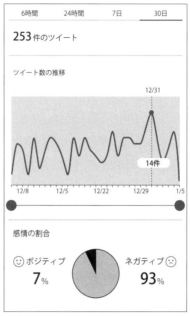

図 1　「韓国　恨」のツイート数グラフ

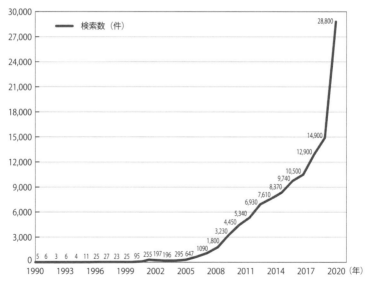

図 2　「恨」についての Google 検索エンジン 1990 ～ 2020 年（2021.1.14 最終アクセス）

義団体による京都朝鮮学校襲撃事件（2009 年）を機とした在日朝鮮人に対するヘイトスピーチが澎湃として起こる時期とも重なる。さらに 2016 年ごろからは、「不気味な」「恐ろしい」などの明らかに否定的な形容詞付きで「恨」が語られたり、政治と絡めたりした記事が増加する。

　つまり「恨」という用語は、朝鮮人の思考や文化を理解するための分析概念から、これを巧妙に援用することで、特定のエスニック集団を攻撃、侮蔑するヘイトスピーチの道具へと移行していったのではないだろうか。本章ではこうした観点から、「恨／ハン」という朝鮮語がどのように本来の意味を歪められてきたのか、そうして構築された言説が日韓関係にいかなる影を落としているかを考える。

2.「恨」とは何か

　「恨」という言葉は朝鮮の人びとの口からしばしば語られるが、いまだにこれといった定義がない。「恨」はその字面だけで「恨み」と同定されがちだが、朝鮮語の「ハン」と日本語の「うらみ」は、その意味するところが似て非なるものだ。日本語話者にとっては「恨」という文字に含まれるネガティヴなイメージゆえに、摩擦をもたらしかねない取扱注意の語彙である。そうした「恨」という文字にまとわる両義性は、いまや日韓関係の障害となるレベルにまで及んでいる。

　私は『恨の人類学』（平河出版社、1994 年）の訳者として、日本で初めて「恨」というテーマを真正面から扱った学術書の出版にかかわり、訳業に込めた思いを訳者あとがきに記した。まず「怨」「うらみ」と「恨」の違いを明らかにすることで、「恨」が誤用されないようにしたかった。次に文化的コンテクストとしての「恨」の意味を知ることで、植民地支配、戦争、分断が朝鮮の人びとにもたらした心の痛みを私たちが斟酌できる糸口になればと願った。当時、「慰安婦」問題をめぐる議論が喧しいなか、それが朝鮮研究者として自分にできる最善の仕事と信じていた。

2　2010 年代以降の言論空間における「恨」の語られ方については、稿を改めて子細な事例研究を行う予定である。

3　原著：崔吉城著『한국인의한』礼典社（ソウル）、1992 年。

　この考え方は以下に紹介する伊藤亜人の指摘とも重なる。2019年、伊藤は徴用工問題で揺らぐ日韓の歴史問題に関するインタビューで、「惻隠の情」として韓国人の「非業の気持ち」、「恨」を慮る必要があるとコメントした。

　　確かに日韓基本条約などの「法」はある。しかし、「法は有効だが、社会の現実から離れた形式的な運用がはびこれば、社会そのものが滅びる」。古代中国の聖賢がそう言っている。日本人にも理解できる考えだろう。明治以降の帝国主義の犠牲になってきた朝鮮半島の人たちには、西洋的な「法」だけでは割り切れない感情がある。彼らの中にある「恨（ハン）」とか「非業の気持ち」に対して日本側は「惻隠（そくいん）の情」を示すべきだろう。傲慢にならず、相手をおしはかろうとする姿勢だ。そうでないといつまでも日本は「法匪（ほうひ）（法解釈に固執し実態を顧みない人）」と呼ばれる。お互いにとって不幸な状態が永遠に続く[4]。

　戦後処理問題のなかでいちばん重要で難しいのが「感情処理」だといわれるが[5]、それは朝鮮半島の人たちの「恨」や「非業の気持ち」にもあてはまる。伊藤の言葉は、「法」の解釈という「理」にこだわるあまり、西洋的な「法」だけでは割り切れない被害者の「恨」という「情」の部分を取りこぼしてはならない、という意味ではないだろうか。それは朝鮮半島を専門とする文化人類学者の良心から出た言葉だと思う。
　先に、いまだ「恨」にはこれといった定義がないと書いたが、もちろん皆無ではない。
　宗教人類学者の金成禮は、嘆き悲しむ死者たちのいまだ慰められえぬ魂のイメージ、生者たちの胸の奥深くに淀んだ遺恨など、なにやらつかみどころのないもやもやとした思いや、痛苦の記憶の残滓が胸底に澱のよう

4　『毎日新聞』2019年7月24日付。同記事は25日付で中央日報とウェブ・ジャーナル「民衆の声」に転載された。
5　小菅信子『放射能とナショナリズム』彩流社、2014年、156頁。

にわだかまった「非業の集合的感覚」が、「恨」であると指摘した[6]。他方、翻訳作業を通じてつかんだ「恨」のニュアンスとして、私は次のような定義を訳者あとがきに記している。これは作家の柳美里（@yu_miri_0622）が Twitter で引用してくれた箇所でもある[7]。

　　恨とは決して "怨" ではない、日本語で言う "うらみ" などでは決してない。（略）〈恨〉は自分自身の内部に沈殿した情念であり、具体的な復讐の対象を持たない。やり場のない哀しみと果たされなかった夢への憧憬……[8]。

最近になってようやく、「恨」の真髄に肉迫した 2 人の在日朝鮮人による語りを、メディアのなかに見出すことができた。

まず、在日 2 世の映画監督・朴壽南（85 歳）。朴は 1965 年以来、約 100 人の被爆者や、炭鉱の元徴用工、元「慰安婦」といった 1 世たちに聞き取りを行い、約 50 時間にも及ぶ歴史的証言の映像をフィルムに収めてきた。

　　だが、取材を進めるうちに気付いた。「日本語ができない同胞が多くて、言葉が出てこないんです。言葉も出ないまま、顔と全身をがくがくと震わせている。『恨』です。それを文章で表現できませんでした」。ペンをカメラに替えた。
　　（略）
　　朴さんは「（植民地支配で）国をとられた 1 世たちの『恨』はいまだに残っている。言葉にならない彼らの沈黙を表現するのが、私の仕事だと思っています」と話した[9]。

6　Kim Seong-Nae, "Lamentation of the Dead: the Historical Imagery of Violence on Cheju island, South Korea", *Journal of Ritual Studies* 3–2, 1989, p. 276.
7　https://twitter.com/yu_miri_0622/status/27951027820
8　真鍋祐子「訳者あとがき」（『恨の人類学』平河出版社、1994 年、465 頁）。
9　「フィルムに収めた朝鮮人の『恨』30 年の時を越え復元」（『朝日新聞』2020 年 12 月 18 日付）。

次いで、在日 2 世のシンガーソングライター・趙博（64 歳）が「沈黙が言葉を鍛える」と題した記事のなかで、次のように語っている。

> 在日、障害者、困窮する労働者……。「その人たちにも言いたいことが絶対にある。代弁するなんておこがましいが、僕は表現者としてそっちの側にいたい」。約 40 年の活動を振り返り、趙さんは言う。
> 「朝鮮語の『恨』は日本語の『恨み』のように晴らすものではない」。星霜を経て酒が醸されるように、哀しみや苦しみを胸に抱え、昇華させていくのが「恨」だという。
> 言葉が生まれるまでの沈黙を許さず、「恨」を受け止めない社会。それは「『恨み』を晴らすこと、敵を攻撃することしかしない、危うい状態にあるものなのではないか」と、趙さんは問う[10]。

「恨」とは「沈黙」である。それは趙が指摘するように、「恨み」を晴らすこと、敵を攻撃することとは異なり、逆に恨み言の一つさえ言葉にならない、「哀しみや苦しみを胸に抱え」たままの状態をいう。

こうした「恨」の定義を念頭におきながら、日本のメディアが捻じ曲げた「恨」の語りを見ていきたい。

3．ミスリードされた「恨」の意味

私が『恨の人類学』の翻訳に着手したのは 1992 年の終わりごろ、ちょうど金学順さんが日本軍「慰安婦」だったと名乗り出た翌年のことだ。そうした背景のもと、私は、「日帝の植民地支配をめぐる韓国の人びとの反応を引きながら、『韓国はうらみの国』と表現するがごとき誤謬を時折マスコミ等の中に見いだす[11]」と、訳者あとがきに記している。皮肉なことに、そうした「誤謬」は同書の刊行から 30 年近くたっても変わるどころか、むしろ悪化している。

2015 年 11 月の第一回民衆総決起大会、16 年 11 月の第二回民衆総決起

10　『朝日新聞』2021 年 1 月 7 日付。
11　真鍋、前掲訳書、466 頁。

大会とこれにつづく毎週末の「ろうそくデモ」、年が明けての朴槿恵大統領弾劾訴追と罷免、そして文在寅の大統領就任へといたるダイナミックな韓国情勢を前に、民心が何によって突き動かされるのかを分析する枠組みとして「恨」が語られるようになった。それは多くの場合、「恨」の意味を復讐心に読み替えることで、韓国人のネガティヴな文化的本質として語ろうとするものだった。

　ことに問題だと感じたのは、「恨」という言葉こそ使わなかったが、池上彰が自身のニュース解説番組で、「ろうそくデモ」について語った次のような言葉である。

　　「みんなで集まってデモをすれば、自分たちの言い分が通るんじゃないか」という成功体験があるからこそ、何かあったらみんな集まるんじゃないかと言われますね。韓国はここから民主化に向かって歩み始めたという意味では、民主主義国家としてはまだ発展途上ともいえるんではないか、ということですよね[12]。

　ここで池上の言葉を取り上げるのは、この時期から韓国政治に絡めて「恨」を語るようになった言論人や識者たちの「恨」に対する理解の浅薄さが、まさに"このレベル"だからである。光州事件の惨劇をあげるまでもなく、韓国の人びとが民主化を勝ち取るまでに払ってきた計り知れない犠牲や、1987年の民主化後もデモをしたりスローガンを叫んだりすることがいかに命がけの行為だったかなど[13]、韓国現代史に対する初歩的知識すら完全に欠落しているのだ。何より他者が積み重ねてきた歴史への敬意が微塵もない。

　2017年5月9日に行われた大統領選挙で文在寅が当選すると、週末の13日にはHNKが「週刊ニュース深読み」でこの話題を取り上げた。NHKの元ソウル支局長という肩書をもつ人物が、韓国には「恨」という

12　「池上彰のニュースそうだったのか？」（テレビ朝日、2016年12月3日放映）。
13　実際、朴槿恵政権がろうそくデモに対する戒厳軍投入の準備を進めていたことが、後に明らかにされている。

独特の情緒があり、朴槿恵政権下で溜まっていた不平不満が「恨」になっていたので、文在寅を勝たせたのはそれを晴らすための「恨プリ」だった、と解説した。テレビ画面の下方には視聴者からのツイートが刻々と表示され、危惧したとおり、「恨」という言葉を使ったヘイトまがいの韓国批判が散見された。

番組ホームページの「テーマに寄せられたご意見」には、さすがにネガティヴな書き込みは取り上げられていないが、「恨」に関しては、「ハンハンさん、福岡県、30代男性」の意見〈「恨」の感情は日本人も持っていると思います〉が掲載されている[14]。

> よく韓国人に独特と言われる「恨」ですが、李先生[15]の説明を聴きながらよく考えてみると、まず非正規雇用から抜け出せないわたし自身もしょっちゅう「恨」を感じてるなあと思えてきます。
> 　他にも本人が気づいているかどうかは別として、例えば国の在り方を時代錯誤的なものにしようとする政治家たち、「押し付け憲法を変えて自主憲法を持とう」とか言ってる人たち（学者や評論家、メディア関係者を含む）もみんな、日本が先の戦争に負けたことからくる「恨」にとらわれているのではないでしょうか。

「恨」をめぐって「非正規雇用から抜け出せないわたし自身」に思い及ぶくだりはともかく、後半に記されたような政治家、学者、評論家、メディア関係者にまで「恨」があるのでは？と推し量るくだりは、完全にミスリードされた「恨」の語法だ。前章で述べたように、「恨」とは幾星霜をへても解けないわだかまり、言葉をのみ込んだまま胸底で澱となった「沈黙」である。なべて「声が大きい」人たちは、自身の言葉を伝える言論機会に恵まれた人たちでもある。そうした者たちにまで「恨」があると言ってはならない。「ハンハンさん」の書き込みに悪意がないだけに、こうした「恨」の誤用は非常に危険といわざるをえない。

14　https://www6.nhk.or.jp/fukayomi/goiken/commentlist.html?i=40408
15　コメンテーターとして出演していた恵泉女学園大学の李泳采教授のこと。

　「恨」の誤用や歪曲に手を貸しているのは、メディアという権威だけではない。外交官、また学者・政治家といった専門的権威によっても同じ事態が引き起こされている。

　日朝交渉に手腕を発揮し、拉致被害者たちの帰国に尽力した元外交官の田中均は、徴用工問題で行きづまった日韓関係を憂慮し、2019 年に「日本人が理解していない韓国人の『恨』の意識」という記事を寄稿している。旧朝鮮総督府の建物を指さして、「あの建物は必ず解体すると自らに言い聞かせるように語っていた」という韓国外交部の日本担当課長のエピソードを紹介しつつ、「朝鮮人たちが持つ『恨』の意識がそこにある」と指摘する。[16]

　　16 世紀の豊臣秀吉の朝鮮出兵や、その後は清の侵攻を受け従属し、日清戦争の戦場となり、日韓併合により日本の植民地となった。漢族や蒙古族、そして日本民族の支配を受けざるを得なかったことに対する恨みであると同時に、日本の敗戦という形で日本支配を脱したにすぎず、決して自らの手で自立を勝ちとったわけではないというむなしさだ。
　　独立後も李承晩や朴正熙による軍事独裁政権[17]という内なる支配にあったわけで、「恨」の意識は韓国人の心に根強く生き続けているといっても間違いではなかろう。

　田中は、韓国人の意識を安易に「反日」と短絡すべきではないと警告する。また韓国人の「恨」は自らの支配層にも向けられるため、歴史問題では日本だけでなく韓国政府も当事者となり、それゆえ「日本の責任で解決することが基本とならざるをえない」とも指摘する。先にあげたメディアの事例と比べ、とても良心的で筋の通った記述である。それでもやはり、

16　田中均「日本人が理解していない韓国人の『恨』の意識」(『東洋経済オンライン』2019 年 11 月 24 日付)。
17　「李承晩や朴正熙の軍事独裁政権」とあるが、李承晩政権は長期独裁ではあったが軍事政権ではない。

ここでも「恨」に対する見方の浅薄さを指摘せざるをえない。それは前述した「沈黙」という点、また「具体的な復讐の対象をもたない」という「恨」の情緒にまで理解が及んでいないことだ。そこが明示されない限り、「恨」の意味を知らない一般の読者たちは、韓国人の「恨」の歴史的「根強さ」が強調されるこの文章から、韓国との歴史問題について暗く不穏なイメージしか抱かないだろう。

　最後に、「韓国　恨」というキーワードでの Google 検索数が急増する 2017 年に注目すると、舛添要一のブログ記事「朝鮮文化の恨（ハン）の思想」（11 月 12 日付）は看過できない。冒頭で、「恨」とは「単なる恨み、辛みではなく、悲哀、無念さ、痛恨、無常観、優越者に対する憧憬や嫉妬などの感情」だと述べた後、典拠として呉善花、小倉紀蔵などの「識者」の説明が引用される。次に朝鮮日報の元論説委員・李圭泰（故人）のコラムを引いて、「恨」が「怨念や被害妄想につながることも忘れてはならない」と追記する。舛添が「恨」を「朝鮮文化の基調をなす」思想と述べるにあたり、参照するのはこの三者のみだ[18]。その点だけでも見識不足による偏向ぶりが否めないが、記事の結びで自身の韓国体験を「恨」に結びつけて解釈したくだりには唖然とさせられる。

　　2014 年 7 月 25 日に、私は、ソウルの青瓦台で朴槿恵大統領と会談した。私はまず大統領と握手するが、大統領よりも私のほうが背が高いので、私が深々と頭を下げなければ握手ができない。それを映像で見せつけることによって、韓国メディアはあたかも私は朴槿恵大統領に臣下のごとく振る舞っているかのようなイメージ作りをした。（略）この握手シーンを韓国の国威発揚のような感じで流すのは、いかにも大人げないし、「恨」の感情なのかなと思ったりもした[19]。

18　呉善花『朴槿恵の真実』文春新書、2015 年。小倉紀蔵『韓国は一個の哲学である』講談社現代新書、2011 年。李圭泰『韓国人の情緒構造』新潮選書、1995 年。

19　https://ameblo.jp/shintomasuzoe/entry-12327739177.htmlhttps://ameblo.jp/shintomasuzoe/entry-12327739177.html

　東大卒の国際政治学者にして政治家という舛添の経歴は、読み手に対し、「恨」をめぐるミスリードを引き起こすに十分な専門的権威である。それだけに事態は深刻である。

4.「恨」歪曲の三つのトリガー

　朝鮮語の「恨」が日本的にねじ曲げられ、歴史問題に絡めて「恨み」という意味に捏造されたのは、いかなる経緯によるのだろうか。

　トリガーとなったのは、まず朴槿恵大統領が就任後初の三・一節で行った演説である。ハンギョレの報道によれば、朴大統領は「加害者と被害者という歴史的立場は千年の歴史が流れても変わることがない」と述べ、「日本がわが国の同伴者となり、21世紀東アジアの時代をともに牽引していくためには、歴史を正しく直視して責任を負う姿勢をもつべきだ」と、日本が歴史問題の解決に前向きにならなければ両国の関係改善は難しいと注文をつけた。それに対して読売新聞や朝日新聞など日本の主要なメディアは、朴政権は未来志向よりも過去の歴史をより強調したと、批判的に報じている。[20]この大統領談話はその後、日本で「千年の恨み」と曲解され、嫌韓感情を煽る導火線となった。以下は2015年の光復70年を前に、『新東亜』に掲載された現地リポートの一文である。

　　朴大統領が強調の意味で使った"千年"は、日本の嫌韓言論を通じて"千年たっても日本に対する恨はつづく"という意味に拡大解釈された。そのため、演説の次につづく文言である"両国の未来世代にまで過去史の重荷を負わせてはなりません。われわれ世代の政治指導者たちの決断と勇気が必要な時です"は、完全に埋もれてしまった。朴大統領の演説は日本で"千年の恨み"で通じるようになったのだ。[21]

20　「大統領"韓－日、被害者・加害者の歴史は千年たっても不変"」(『ハンギョレ』2013年3月1日付)。
21　キム・ヨンリム「嫌韓感情の根は"韓国大国化"への懼れ——"千年の恨"に対する日本の誤解」(『新東亜』2015年8月号)。

　まず日本の主要メディアが大統領演説を切り貼りして「千年たっても
──」のくだりだけを一人歩きさせた結果、嫌韓メディアが「恨」の意味
を曲解し、大統領が強調の意味で使用した「千年」のフレーズと結びつけ
て、「千年の恨み」という言説を捏造し、日本人の嫌韓感情を煽っていっ
たことがわかる。いわゆる「ヘイト本」の類にも、松木國俊『こうして捏
造された韓国「千年の恨み」』（WAC）や、黄文雄『恨韓論』（宝島社）な
ど、「千年の恨み」や「恨」をタイトルに入れたものが登場する（いずれ
も 2014 年刊）。こうして、先に引用したリポートに記されたように、「朴
大統領の演説は日本で "千年の恨み" で通じるようになったのだ」。

　もう一つの重要なトリガーは、2015 年 8 月の戦後 70 年に寄せた「安倍
内閣総理大臣談話[22]」であろう。「あの戦争には何ら関わりのない、私たち
の子や孫、そしてその先の世代の子どもたちに、謝罪を続ける宿命を背負
わせてはなりません」と力を込めて語る首相の言葉に、快哉を叫んだ日本
国民は少なくなかっただろう。さらに談話はこうつづく。

　　　私たちの親、そのまた親の世代が、戦後の焼け野原、貧しさのどん
　　底の中で、命をつなぐことができた。それは、先人たちのたゆまぬ努
　　力と共に、敵として熾烈に戦った、米国、豪州、欧州諸国をはじめ、
　　本当にたくさんの国々から、恩讐を越えて、善意と支援の手が差しの
　　べられたおかげであります。（傍点筆者）

「水に流す」ことを美徳と考える大多数の国民に向け、「恩讐を越えて」
というフレーズを使うことは、「千年の恨み」を語る隣国との対照性を想起
させ、自国の道徳的優越性を誇張するのに功を奏したのではないだろうか。
　安倍談話から 3 か月後に、ソウルの光化門広場で第一回民衆総決起大
会が行われ、翌年の第二回民衆総決起大会と「崔順実ゲート事件」、そし
て、ろうそくデモによって日本のメディアは色めきだつ。先にも述べたよ
うに、非暴力の市民たちによる平和的デモが朴槿恵を大統領の座から引き

22　首相官邸ホームページ https://www.kantei.go.jp/jp/97_abe/discource/20150814danwa.html

ずり下ろし、政権交代へと社会を突き動かした原理が何であったかを見極めようと、その解釈の枠組みとして「恨」という言葉がじつにお手軽に使われた。つまり三つめのトリガーとは、ろうそくデモと政権交代という韓国市民が実現した劇的な出来事である。

5.「恨」とヘイトスピーチ

意味を歪曲された「恨」という言葉は、言論・出版の場で、具体的にどのように使われているのだろうか。ここではさしあたり、三つのタイプに分けて見ていこう。

(1)「恨＝反日」論

以下は、徴用工問題をめぐっての、作家・井沢元彦の記事からの引用である。

> この「父祖の仇」であるはずの北朝鮮に対し若者たちは憎悪どころか親近感を抱いている。そして、それ以上に「絶対悪」として認識しているのが日本なのである。恐るべき事態だ。それほど若い世代に対する反日洗脳、「恨」思想の刷り込みは進んでいるということだ。
> 「恨」の感情を利用した慰安婦問題や徴用工問題に関する不当な言いがかり、あるいはGSOMIA（軍事情報包括保護協定）の破棄をちらつかせる不当な牽制に妥協すれば、相手はますます図にのって無法な要求を繰り返すだろう。だがそれは韓国にとって亡国への道である。[23]

「恨」思想を「反日洗脳」とまで言い切り、洗脳された韓国人たちは「父祖の仇」である北朝鮮に親近感をもつくせに、日本に対しては何度も歴史問題を蒸し返し、「ますます図に乗って無法な要求を繰り返す」という。「恨」を「反日」と短絡させ、「恨」の感情とは「無法な要求を繰り返す」執拗な復讐心だと読み手をミスリードしながら、ここで北朝鮮を引き

23　井沢元彦「韓国『恨の国』の正体」（『週刊ポスト』2020年1月3・10日号）。

合いに出すところが、井沢の巧妙さである。拉致問題により日本の仇とみなされる北朝鮮に対し、韓国の若者は「父祖の仇」に憎しみを抱くどころか親近感をもっていると書き立てることは、読み手のなかにさらなる嫌韓感情を煽り立てる効果があるだろう。

(2)「恨＝ルサンチマン」論

　あえて「恨」を西洋語に言いかえようとすると、ルサンチマン（resentiment）と訳されるのが一般的だ。いわゆる「ヘイト本」においては、フリードリヒ・ニーチェが『道徳の系譜』のなかで、弱者の「奴隷道徳」として説いたルサンチマンの定義が選好される。

　たとえば、前述した台湾の実業家・黄文雄の『恨韓論』には次のように書かれている。

　　儒教道徳をベースにする戦後韓国人の道徳観は、ニーチェが言う「畜群道徳」そのものだろう。その代表的なものは、「日帝 36 年の七奪」[24]という被害者意識であり、「反日」を軸とする倫理・道徳観だ。韓国の恨み辛みから生まれた「反日」意識は、ニーチェが言うルサンチマン意識そのものである[25]。

　ニーチェが「奴隷道徳」として批判の対象としたのはキリスト教だが、ここでは儒教道徳に読み替えられ、そこから生じた「奴隷道徳」がルサンチマンならぬ「恨」である、と解釈される。そこで黄が考える「恨」の定義とは、畢竟、以下のようなものとなる。

　　「恨」というのは、長い屈辱の歴史によって育まれた恨み辛みの感情、韓国人特有のメンタリティである。複合的な原因が生んだ怨恨と

24　韓国併合により、日本が朝鮮から奪った「主権・国王・人命・国語・姓氏・土地・資源」の 7 つをいう。

25　黄文雄『恨韓論――世界中から嫌われる韓国の「小中華思想」の正体！』宝島 SUGOI 新書、2015 年、195-196 頁。

怨念が積もり積もって半島に立ち込め、怒気が天を衝いたのだ。[26]

「恨」は朝鮮時代の儒教道徳に根差した弱者のルサンチマン、つまり朝鮮人特有の怨恨や怨念といったメンタリティであり、根深い「反日」感情はそこから発しているのだ、という歪んだ認知が見てとれる。

(3) 第三者による「恨」論

　黄文雄は「なぜ台湾は日本を恨まず、韓国は恨むのか」と問題提起し、「恨」に縛られた韓国は「反日」だが、台湾人は「親日」だという。こうした第三者の目から日本を擁護し、韓国を「反日」と指弾するのは、日本の嫌韓言説がもっとも好むやり方である。それをアメリカ人や台湾（中国）人に代弁させ、日本の立場を特権化しようとするもくろみは、皮肉にも、アメリカや中華に迎合する事大主義の裏返しでしかない。

　以下は、百田尚樹との対談におけるケント・ギルバートの発言である。

　　中国から儒教や中華思想を全面的に受け入れた韓国から見れば、日本は朝鮮半島よりも世界の中心である中国から遠い。だから日本は「野蛮な国」で、自分たちより「下」でなければいけない。しかも恨の思想があるから、常に日本を軽蔑していないと気が済まないんです。「日本が韓国より発展しているなんておかしい」「韓国が発展できないのは日本が占領したからだ」という根拠のない嫉妬や恨みはずっと続くのです。[27]

　一方、黄文雄は「（韓国人のような）傲慢さはない」台湾人として、そして中国人の立場から、韓国を見下して次のように語る。

　　中国に対して長年染みついた奴隷根性もあるので、韓国人はなかなか反抗することができない。すると諦観が生まれ、それが恨みを一

26　同、8頁。
27　ケント・ギルバート／百田尚樹「対談　儒教に呪われた韓国」（『SAPIO』2017年6月号）。

層、増幅させていく。「恨」と諦観のサイクルは永久運動となっており、中国に対する韓国人の奴隷根性は今後ますます根深いものとなっていくだろう。

　同時に、中国に対して抵抗できないという鬱憤は、日本へと向けられることになる。[28]

　嫌韓本の作り手が黄文雄やケント・ギルバートの名前を使って強調したいのは、結局次のようなことである。

　韓国が戦後、反日を民族結集や国民育成のテコとして利用することに成功したのは、韓国人の中に前時代的なナショナリズムが宿っていたからだろう。そうしたナショナリズムを生んだのは、近代的な民族意識ではなく、昔から朝鮮人に染みついている儒教道徳であり、「わが民族こそが世界一」という中華思想だった。[29]

　このように韓国の「前近代的なナショナリズム」を強調することで、朝鮮人の「近代的な民族意識」を否定するのである。かくして「日本は植民地朝鮮を近代化してやった」とする歴史修正主義が正当化される。
　黄文雄の『恨韓論』に見出される記述、たとえば「韓国人は嘘つきとホラ吹きの国民性を持つ」[30]「怒りの抑制ができず、すぐ怒鳴ったり、暴力を振るったりと、韓国人が持つ精神疾患は韓国社会を蝕んできた」[31]などのくだりは、ヘイトスピーチの定義の一つとされる「特定の国や地域の出身である人を、著しく見下すような内容のもの」[32]に照らせば、明らかに韓国人（あるいは在日朝鮮人を含めた朝鮮民族）に対するヘイトスピーチであり、同書は「ヘイト本」とみなさざるをえない。

28　黄、前掲書、214頁。
29　同、189–190頁。
30　同、6頁。
31　同、209頁。
32　法務省ホームページ http://www.moj.go.jp/JINKEN/jinken04_00108.html

6．アカデミアにおける「恨」の語り

　本節では、これまでに取り上げた「恨」の誤解と曲解、歪曲と意味の捏造に、アカデミアがどのようにかかわってきたかを考える。

(1) 金慶珠『恨の国・韓国』

　2015 年、テレビなどに出演機会の多い金慶珠が、言語社会学者という立場から「恨」を主題とする新書を出版した。日本のメディアで「千年の恨み」が一人歩きし、黄文雄の『恨韓論』など、「恨」と「反日」を結びつけた嫌韓本が出はじめた時期である。

　金は、「恨」の神髄とは「完全なる統合体[33]」だと述べ、「恨」には理想の成就に向かってひとつにまとまろうとする「集結力の恨」と、理想が挫折したときに、現実の否定や破壊を指向する「分散力の恨」があるとする。両者に共通するのは、「ひとつであり、中心であり、正しさでもあるハン」という理想を追求しつつも、それが挫折したり破壊されるといった「不完全で理不尽な状態」を強いられるときに生まれる感性や理屈であるということだ、と指摘する[34]。そして理想とされる「完全なる統合体」の状態が崩壊するときに生じる「恨」に対し、本来のあるべき理想に戻ろうとする能動性が「ハンプリ（恨を解く）」ということである。

> 　つまり、恨を解くとは、自らの破滅も厭わない復讐心とはちがって、理想に向けた何らかの前進を見出した時に、現実の恨も克服・解消することができる仕組みとなっています。韓国語で恨を解くことを〈ハンプリ〉といいますが、「解いて消す」のではなく、「解いて善くする」。これがハンプリの目指す方向性なのです[35]。

　こう書くことで、日本のメディアを席捲する「恨」の誤用と悪用を一蹴

33　金慶珠『恨の国・韓国──なぜ、日韓は噛み合わないのか』祥伝社新書、2015 年、12 頁。
34　同、26–27 頁。
35　同、56–57 頁。

する。

　さらに同書で特記すべき点は、「恨」を、朝鮮文化における、ある現象に対する「解釈の在り方」ととらえることで[36]、これが朝鮮文化と朝鮮人の本質だと前提する嫌韓言説の議論を封じていることだ。そうした「解釈の在り方」として「恨」が言挙げされるケースとして、金慶珠は、1940年代の文学界に出現した「情恨論」、社会的イデオロギーへと変貌した「怨恨論」、大衆文化論としての「願恨論」という三つのタイプをあげている[37]。

　金が「情恨論」としてあげた詩人・高銀は、「恨」を「永久的な絶望が生んだ諦念と悲哀の情緒」と述べている。高によれば、それは韓国固有の情緒であり、なぜなら「韓国の歴史的過程とは人々の心の痛みを募らせ沈めてきたそれであり、ほとんど遺伝的とでもいうように蓄積されたものだから」だという[38]。

　次に「怨恨論」として、同書では民俗学者の金烈圭の名があがっているが、ここでは抵抗詩人として名高い金芝河の次の文章を紹介したい。

　　　この小さな半島は冤鬼たちの声で充ち溢れている。侵略、戦争、暴政、反乱、人質と飢えで死んでいった無数の恨であふれた泣き声に充ちている。その声の媒体、その恨の伝達者、その歴史的悲劇に対する鋭利な意識、私は私の詩がそのようなものになることを願った。降神の詩として[39]。

　上記は、民衆神学者の徐南同によって引用されたくだりである。詩人が口寄せする「冤鬼たち」の「恨」、つまり「怨恨」の泣き声をすくいあげ、本来あるべき状態に戻してやろうとする「ハンプリ」の情念は、「解いて善くする」ための社会的イデオロギーとして結実する。わけても1970〜80年代の民主化闘争を内面から突き動かした「抵抗精神」は、「民衆的恨

36　同、26頁。
37　同、25–26頁。
38　崔吉城著／真鍋祐子訳『恨の人類学』平河出版社、1994年、19頁参照。
39　徐南同「恨の形象化とその神学的省察」（『民衆の神学』教文館、1984年、92頁）参照。

論」と呼ばれる[40]。要はろうそくデモの民心を知りたければ、このように「恨」によって起動される社会変革の側面にこそ目を向けるべきなのだ。

　最後に、李御寧の「願恨論」は、「恨」について以下のように述べている。

　　「恨」は別に他人から被害をこうむらなくても湧いてくる心情である。自分自身の願いがあったからこそ、何かの挫折感がはじめて「恨」になるわけだ。それは、かなえられなかった望みであり、実現されなかった夢である。

　　もっと正確にいえば、挫折感のなかにも切々たる望みをなお持ちうることがなければ、そして暗い空虚な心にいまだ消えない夢の残りを保つことがなければ、「恨」の心を持続させることはできない。（略）怨みは熱っぽい。復讐によって消され、晴れる。だが、「恨」は冷たい。望みがかなえられなければ、解くことができない。怨みは憤怒であり、「恨」は悲しみである。だから、怨みは火のように炎々と燃えるが、「恨」は雪のように積もる[41]。

　金慶珠はまた、「恨」に似た情緒として日本の「もののあわれ」をあげているが、両者は似て非なるものだという。「もののあわれ」とは愛情の対象に対して抱く「慈しみの情緒」だが、その基底には「移ろいゆく人の心の儚さや切なさ、悲しみ、あきらめ、権力の栄枯盛衰から生じる無常感など」が、あるがままに甘受される。一方、「恨」はそうした不条理に対し、それでもなお本来あるべき状態につながっていたいとする情念であり、この「集結のエネルギー」は決して絶えることのない生命力となって息づいている、という[42]。

40　金、前掲書、36頁。
41　李御寧著／裵康煥訳『韓国人の心［増補・恨の文化論］』学生社、1982年、267–268頁。
42　金、前掲書、34–35頁。

（2）粟村良一『「恨の国」見聞録』ほか

　日本の「もののあわれ」と対比する視点から韓国の「恨」を考察したものに、共同通信のソウル特派員だった粟村良一の著書がある。粟村も金慶珠と同様、噛み合わない日韓関係をどう理解すべきかという「解釈の在り方」として「恨」をとらえた。彼は、「韓国が外国である事実を忘れてしまう」錯覚に起因する日本人のひとりよがりな「韓国病」と、「嫌韓論」の表裏一体性を指摘する。つまり日本人には理解が難しい「韓国人の民族感情」に対して、韓国通を自任する者たちがひとりよがりな「解釈の在り方」として語りはじめたのが、日本風に歪曲された「恨」であり、それにもとづく「嫌韓論」であった。「韓国人の恨（ハン）は、しかし、日本人が考えがちな怨恨や恨みつらみの感情とはまったく違うものだ[43]」と、粟村は書く。今から四半世紀も前に、すでに「嫌韓」という語が出現していたことに驚かされるが、それでも当時はまだ韓国人と韓国社会を理解しようと、「恨」について真剣に洞察をめぐらせる粟村のような言論人がいたのである。

　粟村は「恨」を読み解くテキストとして朝鮮の古小説「沈清伝」を取り上げる。あらすじは以下のとおり。盲目の父の目が開くよう仏様に供える米三百俵と引き換えに身を売った孝女・沈清は、人買いの船で航行中に荒れた海を鎮めるために自ら人身御供となる。沈清は海の中で蓮の花となり、それを人買いたちが王様に献上する。すると花のなかから沈清が現れたので、王は彼女を妃にした。王妃となった沈清は王に頼んで国中の盲人たちを招いて宴を催し、隣の席に座っている父を見つけて抱擁する。懐かしい娘の声を聞いた父が「沈清、これは夢かうつつか」と驚き、「娘なら見てみよう」と言った瞬間、父の目が開かれた、という。粟村は、「沈清伝」に見出される「恨」の意味について、次のように結論づける。

　　こうしてみると、韓国人の恨（ハン）は、自分の心の世界を舞台にした出来事で、不幸な状態に置かれた心の内部に降り積もる〝悲しみ

43　粟村良一『「恨の国」見聞録』共同通信社、1995 年、111 頁。

の涙"だといえそうだ。恨（ハン）を解くという「ハンプリ」は、その不幸な状態から自分が救われることで完結する。つまり、"悲しみの涙"を晴らして、不幸（暗）から幸福（明）へと反転して終わるハッピーエンドの物語なのだ。恨（ハン）と、それを解く「ハンプリ」には、日本人が誤解しがちな、怨念や恨みなどの情念はまったく不要であり、無縁である[44]。

　栗村は「恨」について、これを「怨念や恨みなどの情念」と混同しがちな日本人のひとりよがりを慎重に避けるため、森鷗外の「山椒大夫」を例にとり、「恨」に類比されるべき日本語として「あわれ」ということを論じている。「山椒大夫」では姉・安寿とともに人買いにさらわれ、母と生き別れた厨子王が長じて佐渡に渡り、盲目になった母と再会する。父の形見の守り本尊を母の額に押し当てると母の目が開き、「二人はぴったり抱き合った」という結末だ。栗村は「文章は精緻であるが、全体として『あはれ（あわれ)』がしみこんでいるのを特殊な点とする」という斎藤茂吉の評を引いて、ここでいう「あわれ」は「悲哀、哀愁、悲しさ」の意味だろうが、これは「韓国人の恨（ハン）とほとんど同じか、とてもよく似ている情緒だと言えそうだ」と書く[45]。これは前出の金慶珠とは見方を異にするが、ここで留意したいのは栗村の以下のような指摘である。

　　韓国人が李朝時代の18世紀初めごろに生まれた「沈清伝」を、恨（ハン）の物語であると明確に意識して後世に代々伝えてきたのと対照的に、日本人は本来、恨（ハン）の物語といってもよい「山椒大夫」から、恨（ハン）の心情を意識して腑分けして取り出したり、読みとることをしなかったのだ。恨（ハン）と名づけられるべきものを意識的に対象化して認識することをしないで、無意識のまま受け入れて（あるいは受け流して）いたようなのだ[46]。

44　同、111–112頁。

45　同、113頁。

46　同、113–114頁。

これは個々の社会がもつなんらかの事物や事象は腑分けされ、分類され、意味づけられ、名づけられるとする認識人類学の視点である。「恨」に限らず情緒や心情の状態を表す言葉で日本語に訳せない、訳しづらい朝鮮語の語彙はいくつもある。日本人の「韓国病」はそうした朝鮮語の「他者性」を認めない。「恨」が誤解・曲解される根本的原因がそこにある。

経済社会史の滝沢秀樹も早くから「恨」を論じている。滝沢の場合、「苦難の神義論」として「韓民族の民族としての《恨》」をとらえ、韓国近現代史のなかに「恨と断（＝恨プリ）の弁証法」を見出しつつ、以下のように述べる。

　　抑圧の構造が被抑圧者の内面世界にまで浸透し、「一体何が敵なのか」不分明な状況にまで至るとき、抑圧からの解放は直接的にはまずその生活史における自己（アイデンティティー）の再発見・確立という次元での「恨プリ」をスタートとしなければならないことになる。「恨プリ」は全人格をかけた主体への問いかけとなる。そして抑圧者を発見し、抑圧の構造の解体＝抑圧からの解放をめざすそのたたかいの全過程が、抑圧者それ自体をも救済の対象として設定せざるを得ない「恨プリ」の過程となる[48]。

これは金慶珠が分類した三つの恨論のうち「怨恨論」、わけても「民衆的恨論」に重なる議論といえる。そして粟村と同じく、滝沢による「恨」の議論もまた、対象を虚心に見つめることによって引き出された、韓国人自身が内在的に論じてきた「恨」の核心に迫る考察として評価されよう。

（3）地域研究の功罪

滝沢や粟村の「恨」論が出された同時期の東アジア地域研究では、儒教的道徳論を援用した研究がさかんになっていた。1970年代のアジアNICs（newly industrializing countries：四小龍［韓国、台湾、香港、シンガポール］）、

47　滝沢秀樹『韓国社会の転換——変革期の民衆世界』御茶の水書房、1988年、264–265頁。
48　同、260頁。

80年代のアジアNIEs（newly industrializing economies：四小龍＋中国、タイ、マレーシア）をめぐる議論[49]では、これらの国や地域に共有された儒教文化が注目された。

　東アジアの新興工業経済圏が発展するにつれ、交易関係において文化摩擦も生じようし、そこに歴史認識の齟齬という問題がからんでくる場合もあるだろう。井沢元彦の小説『恨の法廷』は、日本人の高沢と、韓国の取引先社長とのあいだに生じたトラブルがテーマである。最後に、高沢に銃口を向けていた韓国人社長が我に返るシーンがある。

　　（おれは結局、妬んでいただけじゃないか）
　　そう思った。今まで他人の幸福を率直に祝ったことがあっただろうか、常に妬み羨み、おのれをごまかしてきたのではないか[50]。

　この独白が端的に示すように、同書において、「恨」は私的な屈辱的体験に由来する妬みの感情を、韓国人が反日感情にすりかえるさいの無意識の情念として描かれる。井沢は同書をミステリーと銘打ち、あとがきで、その理由を思わせぶりにこう書くのである。

　　ミステリーとは、謎に対する知的な解析の過程を楽しむものである。その謎は別に殺人事件の謎でなくてもいいはずだ。
　　これは日本と韓国という隣国同士が、どうしてこうも仲が悪いのかという謎に挑戦したもので、その不仲をもたらした真犯人も最後に暴かれる。
　　その真犯人の名は──[51]。

　先に引用した最後のシーンから明らかなように、結局、真犯人の名は韓国人の「恨」だと言いたいのだ。それも妬み羨みという日本的に歪曲され

49　たとえば、渡辺利夫『成長のアジア 停滞のアジア』東洋経済新報社、1985年など。
50　井沢元彦『恨の法廷』日本経済新聞社、1991年、252頁。
51　同、257頁。

た意味での「恨」。

それではこの小説と同時期の、すなわち1990年代以降の朝鮮研究において、「恨」はどのように語られたか。専門家は井沢に対し、なんら異を唱えなかったのだろうか？

既述のように、真鍋訳による『恨の人類学』の出版が1994年である。同書のなかで著者の崔吉城は、前述の高銀が述べた「恨」は韓国人に固有の、「永久的な絶望が生んだ諦念と悲哀の情緒」という定義を受け入れたうえで、「恨は韓国人にのみ宿命的な事柄ではない。だが韓国社会が時間的な流れの中で蓄積してきたものであるが故に、韓国社会の築いた文化であると言える」と記している[52]。また別のエッセイで、崔は、「恨」を「個人の集団社会への、あるいは弱者の強者への敗北感、劣等感によるもの」とし、官と民の二分構造に由来する「長い歴史上の王権に圧迫された民衆の心であり、現在までずっと持ち続けられているもの」と定義する[53]。

金慶珠は『恨の国・韓国』で古田博司と小倉紀蔵の記述を引用し、両者に共通するのは「強者と弱者という縦軸の関係設定」であり、「恨」を勝ち組と負け組の上下関係における「負け組の痛恨の思い」と解釈する点にあると指摘している[54]。古田と小倉は両者とも朝鮮儒教の歴史にさかのぼり、儒教文化論から「恨」の意味を読み解こうとした。

> ハンとは朝鮮民族の歴史的個性として非常に特徴的なものであり、様々な解釈があるが、筆者に言わせればそれは、「伝統規範からみて責任を他者に押し付けられない状況のもとで、階層型秩序で下位に置かれた不満の累積とその解消願望」である。

古田はこう述べたあと、「恨」に起因する精神病の症例を列挙する[55]。

52　崔、前掲訳書、19頁。
53　崔吉城「韓国人の恨みを考える」(『桜井徳太郎著作集』第7巻付録、吉川弘文館、1987年、1頁)。
54　金、前掲書、23頁。
55　古田博司『朝鮮民族を読み解く――北と南に共通するもの』ちくま新書、1997年、158–160頁。

小倉による「恨」の定義については、先述の舛添要一のブログ記事と同じ箇所が引用されている。

ハンは上昇へのあこがれであると同時に、そのあこがれが何らかの障害によって挫折させられたという悲しみ・無念・痛み・わだかまり・つらみの思いでもある[56]。

つづけて小倉は次のように結んでいる。

しかし、個人の資質や環境のせいで、どうしても上昇できない、（略）という不幸な事態がしばしば発生する。
こんなとき韓国人は「アイゴー！」と嘆くことになる。そして韓国人のいう〈ハン〉とは、このことなのである[57]。

これだけでは「恨」の意味が深堀されないままにミスリードされ、曲解されても仕方がないのではないだろうか。

ここで取り上げた1990年代の地域研究に共通するのは、文化決定論として朝鮮儒教を見なすこと、「恨」をその枠で規定づけること、そして文化本質主義の立場から「恨」を良くも悪くも朝鮮民族に特有の情緒ととらえるまなざしである。

これらの学問言説は歴史修正主義の語りのなかに巧妙に流用され、これを補強する哲学の権威としてニーチェのルサンチマン論が持ち出された。一方、粟村や滝沢が行ったような「恨」をめぐる内在的洞察は後景に退かされ、古田や小倉が論じた朱子学の理気二元論や、それにもとづく朝鮮社会の抑圧−被抑圧の二元論という部分だけがつまみ食いされることで、「恨」が内包した哲学性はなかったことにされた。「恨」という朝鮮語は、たんに妬みや「反日」といった劣情を言い表すために簒奪されてしまったのである。

56　小倉紀蔵『韓国は一個の哲学である』講談社現代新書、1998年、45頁。
57　同、45頁。

　最近の嫌韓本は学問言説を巧みに切り貼りし、もっともらしい文章で無垢な読者を引き込んでしまう危険性をはらんでいる。一例をあげよう。

　　抑圧に対する不満、願いを果たせない無念や悲哀などが蓄積した朝鮮半島独特の民族感情である「恨」は、厳しい階級社会であった李王朝時代に、顕著になったといわれています。私は恨を「叶わなかった願い」に対する複雑な感情と解釈していますが、（略）恨には、「誰かのせい」でそれができなかったという恨みがましい感情も含まれるように思います。
　　そういう意味では、倭奴と蔑む日本に圧倒されてきたという思いは、韓国の国民が継承してきた、日本に対する恨なのかもしれません。
　　だから、韓国人は脳内消化のよいファンタジー史に飛びつき、さらにウリジナルという嘘を上塗りして、自国の歴史を「日本よりも優れた歴史」につくり変えようとする。[58]

　これを書いた室谷克実は時事通信のソウル特派員だった人物である。前半部は従来語られてきた専門家の文言を切り貼りしたのが明らかで、一見穏やかな文体に見える。しかし後半では、嫌韓表現によく使われる「ウリジナル」といった用語も現れ、ヘイト本としての馬脚を現している。
　このように日本的に歪曲された「恨」はもはや「解釈の在り方」を超え、既成事実化へと向かっているようだ。金慶珠によれば、それは『広辞苑』にも載るほどに浸透している。

　　改めて日本の広辞苑を調べて見ると、恨とは「韓国民衆の被抑圧の歴史が培った苦難・孤立・絶望の集合的感情。課せられた不当な仕打ち、不正義への奥深い怒りの感情」とあります。間違いではありませんが、恨の一部である「怨恨」を切り取った解釈であり（略）……。[59]

58　室谷克実監修『別冊宝島　日朝古代史——嘘と恨の原点』宝島社、2017年、8頁。
59　金、前掲書、168頁。

捏造された「恨」の意味が権威づけられたのである。もはや嘆息するしかない。

7. おわりに

これまで見てきたように、現今の言論空間はいまや歪曲された「恨」の言説と、それを用いた嫌韓ヘイトで覆われている。だがそこには、歴史修正主義者たちが目を背けている論点が三つある。最後にこの点を明らかにして、本章の結びとする。

一つめは、韓国近現代史のダイナミズム。甲午農民戦争（1894年）や三・一運動（1919年）、また解放後の済州四・三事件（1948年）や光州民主化抗争（1980年）、軍事独裁政権から「民主化宣言」を勝ち取った6月抗争（1987年）などを抜きにして韓国民主化は成り立ちえないが、歪められた「恨」言説では、朝鮮時代からいきなり現代韓国へと飛ぶアクロバティックな歴史認識が示される。韓国近現代史の欠落については、「日本が朝鮮を併合して近代化してやった」「日韓条約締結時の賠償金で経済成長を助けてやった」というのが歴史修正主義の言い分であろうが、当事者からその歴史の一部を簒奪する歴史認識の在り方は植民地主義の残滓といってもよい。

これはかたちを変えた「朝鮮停滞史観」である。朝鮮停滞史観とは、大日本帝国による朝鮮支配を正当化するために、実証科学と称して歴史学を流用しつつ、文献データを操作することで、朝鮮民族の後進性が証明されたとする議論である[60]。だが、現在の民主化された韓国は、まぎれもなく韓国の人びと自身が払ってきた甚大な犠牲のうえに実現されたのだ。この動かせない歴史の事実を、私たちは社会に向けて、もっと声高に語らなくてはならない。

二つめは、マックス・ヴェーバーのルサンチマン論。ヴェーバーはニーチェを批判する文脈で、「精神の形而上学的欲求」としてルサンチマンをとらえた。

60　Pai Hyung-Il, *Constructing "Korean" Origins*, Harvard University Asia Center, 2000, pp. 12–55.

　　経済欲求や倫理的宗教信仰は、ネガティヴに特権づけられた人びと
の社会的状況や、現実の生活状況から生み出される市民層の合理主義
のほかに、なお別の源泉をもっている。純粋にそれ自体としての主知
主義、わけても精神——それは、物質的窮乏のゆえにではなく、世界
をひとつの意味ある秩序体として把握することによってそれに対する
態度決定をしたいという、自身の内面的強要のゆえに、倫理的・宗教
的な問題の穿さくに駆りたてられる——の形而上学的欲求が、それで
ある。[61]

　これは韓国の「恨」が内包する哲学性、滝沢のいう「恨と断（＝恨プリ）
の弁証法」にも通底する議論といえるが、嫌韓メディアの人びとはヴェー
バーをあえて取り上げないことで「恨」の意味を矮小化させ、見たいもの
だけを針小棒大に見よう／見せようとする。ここでもまた（精神性という
側面での）「朝鮮停滞史観」の企てが反復される。

　三つめは、社会心理学者マックス・シェーラーのルサンチマン論。ニー
チェが階級社会における被抑圧者をルサンチマン論の前提としたことを批
判する立場から、シェーラーは民主的な平等社会における「自他の価値比
較」に起因する相対的剥奪感としてのルサンチマン論を展開した。[62]この視
点に立てば、むしろルサンチマンの泥沼にはまり、嘘にまみれた「嘘と恨
の歴史」を粗製濫造しているのは、自由な国際間競争でいまや優劣逆転し
てしまった中国や韓国を相手に「自他の価値比較」に耽溺しているあなた
がたの方ではないのか、という逆説が成り立つだろう。

　つまり「恨」を歪める人びとは、歴史的事実に目を閉ざし、ニーチェを
批判する二つのルサンチマン論という学問的事実にも目を閉ざす。だから
こそ私たちは、つねに目覚めていなくてはならない。

61　M・ヴェーバー著／英明訳「宗教倫理と現世」（『世界の大思想Ⅱ‐7　ウェーバー　宗教・
社会論集』河出書房、1968 年、240–241 頁）。
62　M・シェーラー著／津田淳訳『愛憎の現象学——ルサンチマンと文化病理学』金沢文庫、
1973 年、15–20 頁。

第4章

歴史から見た韓日関係

──『海東諸国紀』と『看羊録』の視角から

朴 秀哲

1．はじめに

　16世紀は日本の歴史上大きな変曲点であった。まず、外部的にはいわゆる〈大航海時代〉を迎え、アジアに進出したヨーロッパ勢力と本格的に接触した時期である。1543年ポルトガル人は銃を、1549年イエズス会宣教師フランシスコ・ザビエルは、キリスト教を日本に伝えた。当時、日本では石見銀山など各地で莫大な銀が産出され、日本はこの銀を媒介にしてヨーロッパ地域まで連結した広範囲の貿易交易網に参加できた。この過程でイエズス会宣教師とヨーロッパ商人などを通して西洋の各種文物と文化、多様な知識と思想に接することができた。内部的には1467～1477年の応仁・文明の乱以降戦国時代が到来し、戦乱に巻き込まれた時期でもある。各種一揆が起こり、下剋上の風潮が蔓延し、既存の秩序と制度は瓦解し、足軽という新興武士層が本格的に台頭するなど広範囲にわたる社会変化も現れた。それは、この時こそ日本の歴史を二つに両分できる時期であるとか（内藤湖南）、第一統一国家が崩壊し、第二統一国家が出現した時期である（尾藤正英）と言われるほどの大きな変化であった。[1]

　16世紀の東アジアでヨーロッパ勢力の出現が本格化するとき、韓日両国が直面した環境は大きく異なった。遡って14世紀末には両国の情勢が互いに似ていた。1392年、李成桂は高麗に代わる朝鮮を建て、同年足利義満は分裂した南北朝を一つに統一した。以後、韓日両国はある程度政治

---

[1]　内藤湖南「応仁の乱について」（1921年8月史学地理学同攻会講演、後に『内藤湖南全集』9巻、筑摩書房、1969年再録）；尾藤正英『江戸時代とは何か』岩波書店、1992年。

的安定期を迎え、文物が整備され文化が発展した。しかし、15世紀後半になると、両国が置かれた状況は大きく変わり、日本は戦国時代の戦乱に巻き込まれたのに対し、朝鮮は依然として安定し、支配システムもよく作動していた。ところが、約1世紀が過ぎた16世紀後半になると、両国の状況はまた変わった。戦国時代の終わりに位置した日本は豊臣秀吉が現れ、国内の戦乱を終息させ安定を迎えた。しかし、日本の侵略で大きな惨禍を被った朝鮮は大混乱に陥ることになった。

　国内の状況という側面からのみ見ると、15～16世紀の韓日両国は〈戦乱〉から〈平和〉に（日本）、〈平和〉から〈戦乱〉に（朝鮮）変わったのである。約1世紀を経て完全に異なった韓日両国の状況をどのように理解すべきか。ここから得られる歴史的な教訓や示唆する点は何であるか。

　現在、わたしたちは平和な世の中を当然視しながら暮らしている。今日も韓日両国間において長年にわたる葛藤と対立が存在するが、少なくとも戦乱を心配するほどではない。しかし、わずか1世紀前まで韓日両国はともに戦乱の時代を生きていた。ややもすると、後日人々は20世紀戦乱の時代と21世紀平和の時代を対比させるかもしれない。このように反復される戦乱（戦争）と平和の問題を念頭におくとき、今日、韓日両国（あるいはその構成員たち）が取らなければならない望ましい姿勢は何であろうか。これについての正確な答えを探すということは決して易しいことではない。しかし、歴史的にこれと似た立場にある人物が選択した対処法を探ることによってある示唆点を得られるのではないか。ちょうど、15世紀後半に著述された申叔舟の『海東諸国紀』と16世紀後半に書かれた姜沆の『看羊録』は、この問題を解決する上で糸口を提供する。

　1443（世宗25）年2月、27歳の若い申叔舟は、書状官に任命され、通信使一行として日本を訪問した。その後、何か月がかりで京都に到着し、7月に使命を終えた後、また対馬を経て帰国したのであるが、その期間は約9か月であった。その後1471（成宗2）年12月[2]王命を受け、日本と琉

2　Kenneth R. Robinsonによると、厳密に言って西暦では1472年初めである（Kenneth R. Robinson「『海東諸国紀』地図와 朝鮮前期 朝鮮－日本関係」『文化歴史地理』第17巻第3号、2005年）。以下、本章での月日は陰暦による。

84

球の地理、天皇・国王（将軍）系譜と歴史、風俗、使臣往来の沿革および接待の儀礼などを含めた一種の外交マニュアルを編纂したのが、『海東諸国紀』であった[3]。1467 ～ 1477 年、日本は応仁・文明の乱により、戦乱を経ていたが、朝鮮は経国大典が完成した成宗の時期で文物と制度が安定し、平和を享受していた。

　申叔舟よりちょうど 150 年後（1567 年）に生まれた姜沆は 1597 年 9 月 2 日捕虜になり、日本に連れていかれ、1600 年 5 月 19 日に帰国した[4]。申叔舟の日本滞在が 1 年にも満たなかったのに対し、姜沆の場合、年でいうと 4 年、実際には約 3 年（2 年 8 か月）という比較的長期間にわたる日本生活を体験した。朝鮮の最上層の官僚であり、外国使節であった申叔舟とは異なり、姜沆は中間実務官僚であり捕虜であったという点で当然両者の体験と観点は異なり、『海東諸国紀』と『看羊録』の大きな視角の差異をもたらしたと考えられる。

　しかし、より根本的な差異は二人が処した時代の状況がそれぞれ異なったという点に起因する。『看羊録』の時代は『海東諸国紀』と比較すると、時期的に約 130 年遅い[5]。二人とも日本の情勢に言及しているが戦国時代の始まりと終わりという時期の差異によって日本国内の環境は大きく異なった。比喩すると、『海東諸国紀』の時代は朝鮮の平和と日本の戦乱が対比される時期である。朝鮮は混乱と分裂状況によって倭寇として変わりうる日本内の勢力をどのように包摂し、慰撫して平和を維持し続けられるかが問題であった。したがって、申叔舟は使臣接待を含め、外交と儀礼の問題に関心を寄せた。反面、『看羊録』の時代は朝鮮の戦乱と日本の（内部）平和（外では戦争中であったが日本国内では驚くほど平穏）が対比される時期である。戦乱の惨禍を経験した朝鮮の最大関心事は今後どのように王朝と

3　『海東諸国紀』板本については、河惠丁「『海東諸国紀』底本연구」（『東洋古典研究』第 28 号、2007 年）、いくつかの先行研究に関しては、申東珪「『海東諸国紀』로본 中世日本의 国王観과 日本国王使의성격」（『韓日関係史研究』第 27 号、2007 年）に詳細に紹介されている。

4　김경록「『看羊録』으로 본 李舜臣과 元均에대한 認識」（『李舜臣研究論叢』第 16 号、2011 年）。

5　邊東明は内山書院に所蔵されている筆写本の記録を分析し、1605 年頃に『看羊録』の底本（『巾車録』）が完成していると見た（邊東明「姜沆의 筆写本『看羊録』考察 ―― 靈光 内山書院 所蔵本을 중심으로」『아시아文化』第 12 号、1996 年）。

百姓の安全を確保していくかにあった。そのため、姜沆は国防に関心を持ち、兵士の養成方式、将帥の運営体系、城郭制度など、主に軍事問題に集中した。両者はともに日本の地理と風俗、制度、人物に関心を持っていたが、〈外交〉の『海東諸国紀』はより余裕があり、寛大で自国中心主義的な視角に立脚している反面、〈軍事〉の『看羊録』は日本人と日本社会自体をより深く分析して、それだけ具体的で客観的な視覚が特徴である。

　本章の題目「歴史から見た韓日関係」は非常に大きな範囲を包括している。このすべてを言及するのは現在筆者の能力を越えることである。ここでは、まず韓日両国の大きな分岐点である 15 〜 16 世紀を中心に、平和（外交）と戦乱（軍事）をそれぞれ代表する『海東諸国紀』と『看羊録』の内容を分析する。過去の人の知恵を通して、今後の望ましい韓日関係を摸索する方案の一つにしたい。

2．戦国時代と〈外交〉の『海東諸国紀』

　前近代の韓・中・日地域を見る日本学界の独自的な視角は、西嶋定生が提起した〈東アジア文化圏〉、あるいは〈東アジア世界〉という概念にあると考える[6]。この視角は、日本の学界だけでなく韓国の歴史学界にも大きな影響を与えた。儒教、仏教、漢字、律令など、中国の制度・文化の受容という点で、韓半島と日本列島は似た側面があるため、韓国の東洋史学界も日本学界の〈東アジア〉概念を広く借用してきた。反面、中国は北は遊牧諸国、西は中央アジア大陸と南部アジア、南は東南アジア諸国など広範囲な領域にわたっており、中国東側地域だけを中心に置き、韓・中・日地域を見る日本学界の東アジアの概念に大きな違和感を見せる。このような状況で申叔舟の〈海東諸国〉概念は前近代韓国（朝鮮・韓半島）の視角から見た独自的な〈東アジア〉世界観であったという点で興味を引く。

　申叔舟は自国の東側に位置する周辺諸国を海東諸国と規定した。海東諸国の中には日本以外にも琉球国が含まれていた。「海の東側の中の（訳者注：「海東之中」＝朝鮮史編修会本は「東海之中」）国を見てみると、一つや

6　李成市『東アジア文化圏の形成』山川出版社、2000 年；李成市 지음 , 박경희옮김『만들어진古代 —— 近代 国民国家의 東아시아이야기』삼인、2001 年参照。

二つの国ではなく日本が最も久しく最も大きいです。その地は黒龍江北側から済州の南側までに至り、琉球と接しており、その形勢は大変長いです」（『海東諸国紀』「序」）とあるように、日本国を重視していたが、朝鮮の〈礼〉の秩序が適用される地域という観点からは日本国も琉球国も同一線上にあった。日本を朝鮮国の周囲諸国のうちの一つとして相対化し、位相を低めたのである。特に海東諸国の一つである日本国は国家全体が一つの領域として認識されていたというよりは、朝鮮中心主義の立場に立って日本本土と西海道の九州、対馬島、壱岐島として破片化させ、再構成した日本国であった。その裏面には朝鮮の主観的自国中心主義がある。

　これは、『海東諸国紀』に収められた総 9 点の地図によく表れている。『海東諸国紀』には当初「海東諸国総図」1 点、「日本本国之図」1 点（2 枚）、「日本国西海道九州之図」1 点、「日本国一岐島之図」1 点、「日本国対馬島之図」1 点、「琉球国之図」1 点として総 6 点（7 枚）があったが、後に「熊川齊浦之図」1 点、「東萊富山浦之図」1 点、「蔚山塩浦之図」1 点が追加され、最終的に 9 点（10 枚）になった。

　海東諸国の領域全体を見せてくれる「海東諸国総図」で最も目につく点は琉球国の大きさである。琉球国が九州に匹敵するほど大きく描かれている。これは倭僧道安などが提供した地図の誤りである可能性もあるが、結

7　ソウル大奎章閣本（図書番号 12715）により、朝鮮史編修会編『海東諸国紀』を参照した。『海東諸国紀』の代表的な板本は韓国内に国立中央図書館本（1714 年元通筆写本）、韓国学中央研究院蔵書閣本（1725 年筆写本）、ソウル大奎章閣本（筆写本）と国史編纂委員会本（刊行本）、朝鮮史編纂会本（1933 年『朝鮮史料総刊』2 輯）があり、日本に東京大史料編纂所本（旧養安院蔵書本 1512 年刊行本）、国立公文書館内閣文庫本（旧佐伯毛利氏江粟齋蔵本）、南波松太郎氏所蔵本（1629 年刊行本）があり、河惠丁は、東京大史料編纂所本と内閣文庫本、国史編纂委員会本は同一板本であり、燕山君末年から中宗初年に刊行されたものと推定した（하혜정「『海東諸国紀』底本研究」『東洋古典研究』第 28 号、2007 年、343 頁）。

8　1474（成宗 5）年 3 月礼曹佐郎南悌が三浦で起こった倭館火災を契機に秘密裏に恒居倭人の戸口を調査し、三浦地図を描くことになり、その後、この図 3 点は『海東諸国紀』に追加で挿入された（엄찬호「『海東諸国紀』の歴史地理的考察」『韓日関係史研究』第 27 号、2007 年）。追加された図ではあるが、「海東諸国総図」にも朝鮮内の三浦が表記されていたという点で申叔舟の視角と同一線上にある。

9　中村栄孝「『海東諸国紀』の撰修と印刷」（『日鮮関係史の研究』下、吉川弘文館、1965 年）；応地利明「日本図と世界図 ── 絵地図に描かれた中世日本の異域」（『アジアのなかの日本史Ｖ ── 自意識と相互理解』東京大学出版会、1993 年）。

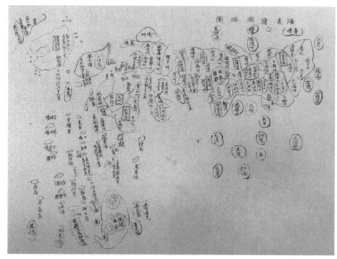

図1　「海東諸国総図」

　局はその情報を受容した当時朝鮮の官人が認識した琉球国の位相が地図に
反映されたものと思われる。また『海東諸国紀』に見える自国中心主義は
「海東諸国総図」に描写された対馬島と壱岐島の過度な大きさからも分か
る。壱岐島は対馬島と同じような大きさで示されており、両島とも九州ほ
どの面積で描かれている。対馬島と壱岐島は日本国に属しているものの、
韓半島を中心に構築された海東諸国の秩序で核心を成す地域でもあった。
　「海東諸国総図」には北海道（夷島）も表記されている。『海東諸国紀』
が北海道を初めて表記したという点では重要であるが、その大きさは佐渡
島ほどの大きさで描かれており正確ではない。『海東諸国紀』はどこまで
も主観的に再構成された朝鮮の自国中心主義に立っており、日本の東端地
域には関心が浅かった。反対に韓半島と近い九州付近は「日本国西海道九
州之図」「日本国一岐島之図」「日本国対馬島之図」という細部の地図まで
作成した。
　ところで、このような主観的自国中心主義は、壱岐島と対馬島を九州の
大きさで描いたように実際とは大きく異なり、正確でもなかった。朝鮮が
見た15世紀の東アジア世界は客観的ではなく、朝鮮の視角（すなわち朝鮮

型の華夷観）に立脚し、再構成したのであった。その世界は朝鮮の三浦と日本国（特に対馬島、壱岐島、九州が中心地域）、琉球国、そのほか無数の多くの島々で構成されており、中国と朝鮮本島は実在するが、地図には表記されないままで、その裏面に隠れ表面からは見えなかった。

　ケネス・ロビンソンは、「『海東諸国紀』の 1 つ目の地図である海東諸国総図は、15 世紀半ばに朝鮮王朝と交易関係を持っていた海上世界を描いたもの」であり、朝鮮が日本のいくつかの勢力を 4 つのグループ、すなわち、1 等＝日本国王、将軍あるいは外交権を持っていた引退した前将軍、2 等＝京都で室町幕府将軍を補佐していた氏族（畠山殿、細川殿、武衛殿＝斯波氏、山名殿、京極殿）と大内氏、3 等＝節度使として表された九州探題渋川氏、4 等＝千葉氏・菊池氏など九州地域のエリートに区分し交流したのであり、ここでは中国中心と朝鮮中心の外交秩序が貫通していたと理解した[10]。ただ、「朝鮮王朝の官吏たちの地理概念には文化、思想、外交を通して中国が中心であり、その世界観の中に日本図、そして日本を置いていた[11]」のであり、中国中心に立脚した地図として理解した。

　『海東諸国紀』「序」を見ると、「大抵、隣国と交流し（交隣）、使節が往来し（聘問）、風俗が異なる人々を慰撫し、接待しようとするなら、必ずその事情を知らなければなりません。そうすることによって、礼を尽くすことができるし、礼を尽くした後にその心を尽くしたと言えます」とし、外交を遂行していく上で儒教の価値観に立脚した礼を唱えている。『海東諸国紀』が唱える礼という儒教的な価値が中国から由来した思想と認識であるのは間違いのない事実である。しかし、これだけで『海東諸国紀』を「中国中心に立脚したもの」と見るのと、それが実際に実行された様態までを考慮して「中国中心と朝鮮中心」の二重構造として見るのとでは大きな差がある。

　この問題と関連し、興味深い事件が〈壬辰戦争[12]〉の時期に起きたいわゆる丁応泰の誣告事件である。この事件は明の贊画主事である丁応泰が『海東諸国紀』の内容を根拠に朝鮮と日本が同じ仲間であったと明の朝廷に

10　Kenneth R. Robinson、前掲「『海東諸国紀』地図와 朝鮮前期 朝鮮－日本関係」137–140 頁。
11　同上、139 頁。

告発した事件である。丁応泰が韓日両国の通謀の根拠として指摘した事項の中で、①国書と礼物を取り薩摩・対馬と接触した点、②図書（印）を発行し、倭船と貿易をした点、③国王と酋長たちに使船の数、使節の規例が定められていて、倭館での使臣の船の大きさと船夫の定員、図書発給の官職、宴会に関した格式などが整えてある点、④日本の年号（康正、寛正、文明）を大きく書き、明の年号（永楽、宣徳、景泰、成化）を日本の紀年の下に2行で小さく書いた点、⑤中国のように太祖、世祖で王を僭称した点など挙げたという事実が目を引く[13]。丁応泰は「その（『海東諸国紀』）序文をみると、自然にその大体が表れているので、朝鮮の王と臣下が中国を軽んじているのが一つや二つではない」と主張した[14]。

　この句節は、『海東諸国紀』が構築した外交秩序を単に中国中心と見なすことができないことを示してくれる。中国で思想と制度を学んだ朝鮮が自国中心主義の立場から周辺海東諸国にこの方式を適用したのである。これは、朝鮮社会が中国のことを単純に欽慕したのではなく中国から始まった儒教的価値を人類が守らなければならない普遍的基準であり、規範として認識し受容したことを意味する。中国の儒教価値、これを基盤にした華夷思想と秩序は中国人だけが独占する性質のものではなく、文明国であれば

12　〈壬辰倭乱〉という名称は倭という卑下表現から分かるようにその中に主観的感情が内包された場合が往々にしてあると考えられる。客観的に相手を見ずに感情が先立ち相手を無視したり、軽蔑したりする。〈倭乱〉的視角には国家と国家間の対等な戦争という視角は存在しておらず、加害者と被害者だけが残る。また、三浦倭乱のように倭寇の放蕩三昧の次元で把握するのに終わる。しかし、〈壬辰戦争〉という用語は朝鮮と日本が国力をかけて争った国家間戦争という点で視角を異にする（朴秀哲「15.16世紀 日本의 戦国時代와 豊臣政権 ── 〈壬辰倭乱〉의 再検討」『戦争과 東北亞의 国際秩序』歴史学会엮음、一潮閣、2006年、221–223頁）。〈壬辰倭乱〉という用語が最初に登場したのは、1614年完成した李睟光の『芝峯類説』であり、1776年李肯翊が『燃藜室記述』で使用した後、一般化したという（하우봉「東아시아 国際戦争으로서 壬辰戦争」『韓日関係史研究』第39号、2011年、334–335頁）。

13　허지은「『海東諸国紀』의 流通과 朝・中・日관계」（『西江人文論叢』第52号、2018年、293–294頁）。

14　『海東諸国紀』の名称に関して朝鮮王朝実録の用例を分析した許芝銀の研究を見ると、「海東諸国紀」が29件で最も多く全時代にわたって使用された。続いて「海東記」が14件で1494年成宗の時期の2件を除くと主に中宗以後に見え、「海東記略」「海東略書」「海東国紀」は宣祖以後に登場する（同上、288頁）。

従わなければならない国際的普遍的な価値として把握したのである[15]。まる
で今日民主主義の価値を単なる西洋のものとして見るのではなく、普遍的
な規範として各国が自国の事情に応じて受容したのと同じ状況だと考える。

　16 世紀中盤以後、倭寇勢力は日々勢力を得ていき、日本人だけでなく
中国人を含めた多様な民族が大挙して参加した[16]。当時、日本では本格的な
戦国時代が展開し、〈日本国王〉である将軍は京都から追い出され、大内
氏・六角氏のような近隣の有力大名に頼っていることが度々あった。その
頃、明との勘合貿易は事実上中止され、8 代将軍義政の時期である 1489
年までは将軍が直接派遣した「国王使」であったが[17]、それ以後、続いた日
本の国王使は国王（将軍）の名義のみを借りただけであって、ほとんど偽
使であった。このように日本は戦国時代を迎え、各地に点在する〈放浪す
る将軍〉の京都不在によって朝鮮と最上位段階の外交を実現させることが
できなかった。反面、建国以来世宗から成宗まで安定期を迎え、文物が繁
盛した朝鮮は日本・琉球を海東諸国として把握し、これらを朝鮮式礼の
秩序体系に引き入れようとした。『海東諸国紀』に使臣の往来と接待を細
かく記録したのはこのためであった。どのような使臣で、どこから来たの
か、その距離はどのくらいであるのかを把握することによって礼の秩序に
したがって、身分にあった供応、宿泊および食事の接待が可能だったので
ある。『海東諸国紀』の地図には、①韓半島から日本・琉球までの距離の
把握、②各地の権力者の名前と、彼らに許した貿易船の数、③硫黄、水
銀、金銀、銅などの産物などが細かく表記された。これに合わせて朝鮮は
接待儀礼を整備し、すべての来朝者を原則として使節の形態を整え、三浦
に入港させるようにし、これらを国王使節、巨酋使、対馬島主の使節、受
図書人・受職人の 4 種類に区分して編成した[18]。

　しかし、朝鮮国王と対等交隣として設定された日本国王との実際交流
が弱化すると、朝鮮に礼を示しに来る人たちは偽使（日本国王使）、巨酋

15　これは、清を建てた満州族も同じだった。閔斗基「清朝의 皇帝統治와 思想統制의實際
　　── 曾靜謀逆事件과『大義覺迷録』을 中心으로」（『中国近代史研究』一潮閣、1973 年）参照。
16　村井章介지음、이영옮김『中世 倭人의世界』소화、1998 年。
17　신동규、前掲「『海東諸国紀』로본 中世日本의 国王観과 日本国王使의性格」150–153 頁。
18　손승철「申叔舟 , 海東諸国紀」（『韓国史市民講座』第 42 号、2008 年、42 頁）。

使、対馬島主、受図書人・受職人が残った。朝鮮測も偽使の存在を認識しており、外交を担当する将軍の不在によって日本国の破片化はより加速化した。戦国時代の日本についての朝鮮の外交政策である〈対等〉交隣は名分に過ぎなくなり、実際には各地に横行する倭寇的な世界に対抗した対馬島主と受図書人・受職人との朝貢を中心にした垂直的な関係がより重要になった。

　先行研究では主に『海東諸国紀』を朝鮮王朝の対日外交マニュアルであり、基本的に「事大交隣」の観点に立つものとして把握してきた。事大＝中国、交隣＝日本の図式である。

　但し、朝鮮の対日外交は多元的構造であり、交隣にも対等関係の交隣と羈縻関係の交隣（あるいは対等関係の〈敵礼的交隣〉と垂直関係の〈羈縻圏交隣〉）が存在する[19]。しかも、交隣の概念の中に朝鮮を中心に置く華夷観念が存在すると主張する研究[20]、朝鮮が対馬島倭人と女真勢力を〈字小－事大関係〉で取り扱ったと見る研究[21]などもある。これらの研究を総合して見るとケネスが言及したように中国中心と朝鮮中心が並存したというのが実状に近いだろう。そして戦国時代に至ると対等交隣の意味は弱化し、朝鮮中心主義に立脚した政治・外交秩序がより強くなった（ここではこれを朝鮮型華夷秩序と呼ぶことにする[22]）。

　世祖の時、「殿下が即位されて以来、徳が満ち仁が深まって……野人、

19　田中健夫「朝鮮との通交関係の成立」（『中世対外関係史』東京大学出版会、1975 年）。田中は朝鮮国王－日本国王（室町将軍）、朝鮮国王－諸大名、朝鮮国王－諸中小領主・諸商人といった多元的要素が複雑に存在したと主張した。ただ、対馬宗氏が重要な媒介の役割をしたとし、朝鮮中心の秩序は想定しなかったと思われる。

20　손승철『朝鮮時代 韓日關係史研究』지성의샘、1994 年；민덕기『前近代 東아시아 世界의 韓・日關係』景仁文化社、2007 年。

21　高橋公明「外交儀礼によりみた室町時代の日朝関係」（『史学雑誌』第 91 巻第 8 号、1982 年；同「朝鮮外交秩序と東アジア海域の交流」『歴史学研究』第 573 号、1987 年。

22　한성주「朝鮮前期〈字小〉에 대한 고찰 ── 對馬島 倭人 및女眞 勢力을 중심으로」（『韓日関係史学会』第 33 号、2009 年）。

23　三宅英利は〈壬辰戦争〉以降の朝鮮官人の日本観について、伝統・規範・保守・普遍主義の「小中華的華夷観」、所謂「朝鮮型華夷秩序」を基本としているとし、その中に日本に対する警戒、不信、文化的優越の姿勢が内在し、さらに日本の軍事的蔑視や征服史観に対応したと理解している（三宅英利「朝鮮王朝後期官民の日本観」『アジアのなかの日本史Ｖ──自意識と相互理解』東京大学出版会、1993 年）。

日本、三島、琉球国のような四夷が皆朝廷に参ります[24]」に見えるように、朝鮮の周辺を四夷だとする認識さえ存在した。朝鮮は自国中心主義に立脚し周辺の弱小勢力を字小の関係と見なし、藩胡、属胡など帰順した北方女真族と南方の対馬島倭人に官職を与え朝貢させ回賜をめぐんだ。成宗が大宝（朝鮮国王之印）を明との外交関係に限って使い、施命之宝という独自の印宝を制作し周囲の倭人と野人に使用した事実からも朝鮮型華夷秩序の一端を窺うことができる[25]。この時期『朝鮮王朝実録』には日本側が朝鮮を「上国」「大国」と称した例が頻出する[26]。

　一方、交隣が平和だけを想定したのではなかった。申叔舟は、「彼ら（日本人）は習性が強くて荒々しく刀と槍を巧みに使い、船を操るのにも熟れています」と日本国の武威を認めた上に "彼らを鎮撫することを道理に合わせてすれば礼を尽くして朝聘するが、道理に合わなければ、直ちに横柄に略奪行為をします」と朝聘と略奪という選択肢を置き、朝鮮の交隣（礼）が通用しない状況も想定していた。

　　　前朝（高麗）末期に国乱で紊乱になり、慰撫の道を失ったことにより、ついに辺境に兵乱が起こり海辺数千里の地が荒廃して雑草のみが多く繁り、太祖（訳者注：李成桂）が憤然と立ち上がり、智異山東亭、引月、兎洞で数十回力強く戦った後に賊が身勝手なことをしないようになりました。開国以来、優れた聖君が立て続けに継承し、政治が清く治められて、内治がすでに隆盛したので、外地も静まり（服従し）、秩序を守るようになり、辺境の百姓たちも平穏に暮らせるようになりました。（『海東諸国紀』序）

　すなわち武力を行使し、辺境の兵乱を収めた事実と、内治がうまく治め

24　『世祖實録』巻45、世祖14年3月乙酉条。
25　山内弘一『朝鮮からみた華夷思想』山川出版社、2003年、16–17頁。
26　강동국「朝鮮前期의 交隣概念」（『개념과소통』第21号、2018年、142–143頁）。
27　『成宗實録』巻7、成宗元年8月己巳条の記事に、伊勢守政親が「政親が謹んで朝鮮国議政府閣下に申し上げます。恭しく願うところ、国が大いに安泰になり、今上皇帝の御位が末永く続きますように」と成宗を「今上皇帝」と称したところも目を引く。

られ外地の勢力が服従し、秩序が保たれた事実を挙げた。武力（軍事）より徳を重視する儒教思想を掲げていたが、そうだとしても漠然と外交だけに頼った交隣友好のみを主張したのではなかった[28]。1479年、戦乱によって通信使の京都への上京が難しくなると、朝鮮の官僚たちは案内役である対馬島主が何か中間で使節を欺瞞したのではないかと思った。ある中央官人は「隣国の礼で接するべきではなく羈縻として（接するのが）正しい[29]」と主張した。1544年、蛇梁鎮倭変が発生した時は対馬島に対し、「隣として接するべきではなく犬亥として待遇するべきである[30]」と激怒を表出するなど、朝鮮側は交隣の場合（礼）とそうではない場合（羈縻＝犬亥）とを念頭に置いていた。

3.〈壬辰戦争〉と『看羊録』の客観化された日本

　『看羊録』は戦乱で辛酸を嘗めた姜沆が軍事的側面から朝鮮の対策を模索した書である[31]。捕虜として連れていかれ、直接日本を経験し、相手を冷徹に分析したという点から、その視角は外交を重視する申叔舟の『海東諸国紀』より叙述が客観的である。

　もちろん、姜沆も儒学者であるため、礼の倫理と儒教的価値に立脚している。ただ、ほぼ3年間という長期にわたって滞在し、見聞した現実の経験が反映されているのが『看羊録』の強みである。現場で身をもってした体験は、日本人・日本社会についてより客観的で具体的な叙述を可能に

28　日本の年号をそのまま表記している点でもいわゆる朝鮮中期以後、中国中心事大主義者と差異がある。朝鮮前期の外交を伝統的な事大交隣の視角だけ強調する必要はないと考える。孫承喆の研究によると、朝鮮は1592年前まで65回日本に使臣を派遣し、日本からは将軍名義で71回、そのほか通交者を含め4842回にわたって各種使臣を朝鮮に派遣したという。ところが李藝の『鶴坡先生實紀』、宋希璟の『日本行録』、申叔舟の『海東諸国紀』などを除いては、朝鮮前期の活発な交流に比べ日本見聞記録が貧弱なほうだと指摘した（손승철、前掲「申叔舟．海東諸国紀」31頁）。両国間の圧倒的な人的交流の不均衡と朝鮮の日本に対する無関心が目につく。

29　『成宗實錄』巻106、成宗10年7月戊辰条。

30　『中宗實錄』巻102、中宗39年4月戊子条。

31　『看羊録』は、歴史学よりも国文学、文献学、思想史などの領域から多く扱われており、日本では主に朱子学と藤原惺窩と関係した側面が注目されてきた。これについての研究史としては、김선희「日本 朱子学研究에대한 一考察 - 강항（姜沆）研究를 중심으로」（『日本文化研究』第30号、2009年）参照。

してくれる。その結果、『看羊録』には『海東諸国紀』のような朝鮮中心主義と流れを異にする観点が多い。

　まず、『看羊録』は、一番前に 9 点（10 枚）の地図を配置した『海東諸国紀』とは異なり、一番後ろの部分に「倭国地図」1 枚だけあり、一見地理的な把握をおろそかにしているように見える[32]。しかし、事実はそうではなく、『海東諸国紀』と観点が異なるだけである。「倭国地図」には琉球国が抜けており、ただ日本だけを地図に表記した。海東諸国の国のうちの一つ＝日本という認識がなく、より他者化され客観化された倭国（日本）だけが存在していた。このために「海東諸国総図」とは異なり、韓半島と近い地域の強調という主観的な朝鮮中心主義の立場がそれほど表れていない。対馬島と壱岐島は元々の大きさほどに小さく表記されており、日本の地理が全体的に均衡を保って描かれている。

　「倭国地図」は、情報が全般的に簡潔に整っており、日本全体の領域が一目瞭然に分かるようになっている。また、日本全体の大きさを数字で表記した点も特筆すべきである。「倭国地図」の右上段部には、「4 百 15 里／東西 60 日程度強／南北 12 日程度弱／88 里／倭国八道六十六州図」とし、釜山浦から京都までの距離と日程のみを表記した『海東諸国紀』の地図と観点が大きく異なる。このような数値の把握は、姜沆が日本側の書籍を直接入手したため可能だった。出石寺の僧である好仁が備えていた日本地理と官制がよく記録された文献と、白雲（藤堂高虎の父）が所持していた詳細な地図によるものであった。姜沆がある倭僧が見せてくれた弘法大師の記録により「道は 8 個、州は 66 個で、壱岐と対馬はありませんでした」と示したように、徹底的に日本側の資料に根拠を置いた。その結果、壱岐島と対馬島を中心に構築された『海東諸国紀』的な日本の視角から脱することができた。

32　『看羊録』の板本は底本に近い 1605 年頃の内山書院筆写本、同一系統の刊行本であるソウル大奎章閣本・国立中央図書館本（この刊行本の一部を抄録した韓国学中央研究院蔵書閣筆写本）があるという。また 1616（光海君 8）年に編纂された宣祖實録に「賊中奉疏」一部が上疏文の形態で載っているが、宋日基・安賢珠は内山書院本と刊行本の内容を校勘し、内山書院本の筆写本が「木版本に先立ち文人たちによって作成された一種の原稿本」であると主張した（송일기・안현주「睡隱 姜沆 編撰『看羊録』의 校勘 研究」『서지학보』第 33 号、2009 年）。ここでは、国立中央図書館本に基づき、ソウル大奎章閣本を参照した。

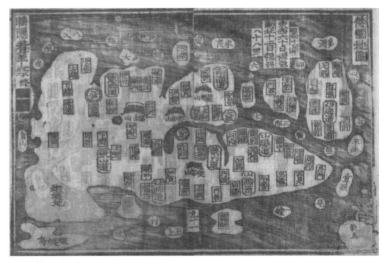

図2　「倭国地図」

　　日本の極東は陸奥で、極西は肥前であるが、東の陸奥から西の肥前
までは415里であり、極南は紀伊、極北は若狭で、南の紀伊から北
の若狭までは、88里です。陸奥の平和泉から、夷の海までが30里で、
坂東路は180里ということです。以前は、倭国の大きさがわが国に
及ばないと考えていました。倭僧意安という者は倭京の人です。その
祖父と父の時から中国で留学し、意安のときに至って、ある程度の算
学、天文、地理を理解し、土圭を作り、太陽の陰を観測し、天地の丸
くて、角張ったことと、山川の遠近を知っていました。彼は、壬辰之
役の時、倭人たちが朝鮮の戸曹の田籍を残すことなく持ってきたので
すが、日本田籍の半分にも及ばなかったと話していました。彼は、訥
弁で生真面目であり、信用できるとし、（彼の言葉に）疑惑の念が生じ
ることはありません。関東と奥州の里程を考えるとわが国より遥かに
遠いです。（「賊中封疏」）

　戦乱を経て、朝鮮の人々は日本の実際の大きさについて初めて認識する
ことになった。壬辰倭乱ではない「壬辰之役」として名称を表記した点も

目を引く。戦乱を経ながら日本の大きさなどそれ自体に関心を持つことになった。その反面、『海東諸国紀』は硫黄、金銀、銅などの地域産物と郡の数（戸数は主な関心地域である対馬島と壱岐島のみ表記）程度のみ把握した。『海東諸国紀』では基本的に各地域から朝鮮に来朝する人物により関心を置いた。その結果、日本の各地域についての把握方式も『海東諸国紀』と『看羊録』は異なっていた。例えば、事例の一つとして九州の薩摩についての叙述を比較してみる。残りの地域もほとんどこれと似たパターンで記述された。

(1)『海東諸国紀』

薩摩州

硫黄が生産され、郡が13で、水田が4,630町である。

盛久

丁丑年に使を送り来朝して書に薩摩州日向太守藤原盛久と称した。歳遣船は1〜2隻と約定した。

熙久

乙亥年に使を送り来朝して書に薩摩州伊集院寅鎮隅州太守藤原熙久と称した。歳遣船は1〜2隻と約定した。[33]

(2)『看羊録』(「賊中聞見録」)

　［薩州］中の国であり、14郡を管掌する。［出水、高城、薩摩、日置、伊佐、阿多、河邊、款姓、指宿、結黎、溪山、与小島、鹿児島、甑島］四方が二日間の距離である。小さい国ではあるが唐と隣り合っていて容器（器用）はすべて取り揃っているが、桑と麻の服がない。中間の大きさであるが（産物：土品）は上国である。［義弘の食邑である。市廛は半分近くが唐人であり、唐船と密船が絶え間なく往来し、

33　以下、持久、源忠国、藤原忠満、只吉、久重、国久、吉国、持永の項目が盛久・熙久の項目とほとんど同一の方式で記述してある。『海東諸国紀』は来朝する各地域の支配者の名簿把握と歳遣船など外交関係を重視した。これは、まるで将軍と主従関係を結んだ武士が提出した名簿を連想させる。

　　泊っていく］（訳者注：［　　］は細注）

　以上のように、各地の人物情報は、外交の『海東諸国紀』が遥かに詳細であるが、日本各地域の情勢に関しては、『看羊録』のほうが情報量が多い。儀礼的な属性の強い外交の『海東諸国紀』と比較する際、軍事的な側面から国防問題に大きな関心を置いた『看羊録』のほうが遥かに実務的で、具体的な内容を取り扱った。さらに、姜沆は実務的な分析で終わるのではなく、日本の封建システムの長所を認め、これを朝鮮に積極的に導入しようとした。

　まず、姜沆は日本の武士たちの功と土地の相関関係に注目した。「戦争で功を立てた者には土地で褒美を与えます。食邑が8～9州に達することもあり、あるいは数個の州に達することもあります」と戦功と土地の連動構造に注目し、「土地を占めた者はまた功を立てた者に分け与え、私兵（部曲）を育てることになります」とし、土地分配が兵士動員の核心であることを理解していた。特に「一将にはいつでも直属部下（士卒）がいて、倉卒間に慌てて徴発する弊端がありません」と主張した（「賊中封疏」）。

　兵士と農民の役割を分離し、専業武士と専業農民にするシステム（いわゆる兵農分離）は日本社会が豊臣秀吉の時期を経て確立した制度である。[34]『看羊録』には、朝鮮の軍事制度の弱点として、①金銭や権力がある人々は様々な方法で抜け出し、力のない訓練さえ受けられない百姓だけが戦いの地に追い遣られる現実、②自己の直属私兵のいない将帥と随時変わる命令権者による兵卒の混線、③命令を下す機関が大変多い指揮体系（あるいは朝鮮の官僚システム）自体の限界などが挙げられている。姜沆は問題を解決するため力量のある人材を嶺湖南の辺将に任命し、その職を父の後を息子が継ぐようにする破格的な提案をした。当代だけでなく子孫まで官職を保障してやれば、後代の福禄がここにかかっているため辺将たちがこのことに徹するだろうと、明らかに日本式の封建システムを念頭に置いた発言であった。もちろん高麗の私賤民＝私兵（部曲）や唐の節度使のような

34　朴秀哲「16～17世紀 織田・豊臣政権과 江戸幕府 成立의 意義」（『東아시아사入門』東北亞歷史財団編、청아출판사、2020年）。

システムを考慮したとも考えられるが、前後の脈絡からすると日本の兵士動員と軍事運営システムも強く意識したものと考えられる。[35]

　日本の制度（システム）に関しては、『海東諸国紀』にも天皇代序・国王代序があり、その中に主要内容がきちんと整理されている。また、笞刑や杖刑のない室町時代の刑罰、徭役のない税金、身分による烏帽と立烏帽の区分、身分の高い者は食器として一回用の土器を使い、天皇・将軍・寺院のみ瓦を使用した衣食住に関した叙述、額に眉を描き、歯を黒くする習慣があったという点など室町時代の各種制度や風習に関した叙述も興味深い。これは、三国志魏書東夷伝の内容を連想させ、室町時代を生きた日本人の生き生きとした姿をよく教えてくれる。しかしながら、白河天皇について「在位は 15 年であり、寿命は 77 歳であった」とし、鳥羽天皇も「在位は 17 年であり、寿命は 54 歳であった」とだけ記述し、上皇が実質的に国政を統治していた院政という制度を知らない。また、「関東将軍武蔵守泰時と相模守時房」と執権北条氏の官職を正確に理解しておらず、「後白河天皇保元 3 年戊寅に、征夷大将軍源頼朝が鎌倉を治め、二条天皇永暦元年庚辰に、兵衛佐として伊豆州に左遷された」（「国王代序」）というように過ちのある記述が往々にして存在する。

　『看羊録』にも日本の歴史、各種官職および制度、風習に関した詳細な叙述がある。「関東将軍源頼朝の時から政治は関白に任せ、天皇は祭祀を担当しました。（「賊中奉疏」）という指摘は天皇（祭祀）と武士権力者（世俗政治）の役割分担の実際の内容に関した卓越した指摘である。ただ、本来藤原氏が任されていた関白と将軍の関係まではよく理解できていなかった。おそらく秀吉が関白であったためであろう。しかし、『海東諸国紀』とは違い、姜沆は日本の東端の状況まで一生懸命情報を収集し、これを朝鮮に伝えようとした。また、韓国人最初の〈豊臣秀吉の評伝〉といえるほどに秀吉に関する多様な話が多く書き記されており、韓半島に渡ってきた日本軍の兵力の数、将帥たちの名前と占領地もつぶさに記した。『海東

35　姜沆は節度使の横行で唐が滅亡したことと宋の体制を念頭に置いた朝鮮軍事制度という淵源を十分に熟知していた。したがって、嶺南と湖南の一部にだけ限定した封建制であり、日本のような全面的な封建制を提案したのではなかった。

諸国紀』に比べ軍事的視角から日本の人物と行跡を詳細に記録したのである。

4．おわりに──易地思之の交流

　江戸時代の思想家であり、対馬藩に抜擢され、仕事をした雨森芳洲は朝鮮人と日本人の習慣、価値、文化などに関して様々な差異を客観的に比較・分析した『交隣提醒』という書籍を残した。芳洲は韓日両国の価値観[36]の差を指摘しながら、朝鮮と交際するとき風俗や慣習を知っていることが重要だとした。[37]例えば、日本人は高官の駕籠を担ぐ人夫が寒い冬でも服の裾をたくしあげて歩いているということが朝鮮人の目にも立派に映るだろうと思うかもしれないが、朝鮮人は服の裾をたくしあげることを無礼だと考える。また、朝鮮人は家族や親戚の喪中に声を出して泣くことを、日本人がこれを見たら同感するだろうと考えるかもしれないが、むしろ日本人は嘲笑うと、両国が重視する美徳（価値観）が違うことを指摘した。何よりも芳洲が相手と交際するとき、偏見を排除した誠信を強調した点は印象的である。「誠信とは真の心という意味を持っており、互いに騙すことなく、争わずに真実を持って交際すること」であった。

　彼は1668年に生まれ、1690～1720年頃に対馬藩で朝鮮通信使関連の仕事を担当した。芳洲の時期はいわゆる元禄文化の最盛期で戦乱の惨状を[38]直接経験した約100年前の姜沆の時期とは同じではない。芳洲の誠信はそのような点から外交の『海東諸国紀』と通ずるところがある。「大抵、隣国と交流し（交隣）、使節が往来し（聘問）、風俗が異なる人々を慰撫し、接待しようとするなら、必ずその事情を知らなければなりません。そうすることによって、礼を尽くすことができるし、礼を尽くした後にその心を尽くしたと言えます」という申叔舟の主張は、芳洲の言葉と言ってもそんなに違和感はない。二人とも〈平和〉の時代を生きたためこのような優雅

36　韓日関係史学会編『譯註交隣提醒』国学資料院、2001年。

37　同上、26～27頁。

38　永留久恵저、최차호역『조선을 사랑한 아메노모리호슈』어드북스、2009年；上田正昭『雨森芳洲』ミネルヴァ書房、2011年。

な（？）姿勢を維持することができたのではないかと思う。しかし、芳洲が「〈日本人はその性質が乱暴で、荒々しいので、義で屈服させるのは難しい〉と申叔舟の書にも書かれている」と正確に指摘した通り、『海東諸国紀』の礼は海東諸国の多様な勢力を、朝鮮中心に設定した秩序に導き出すための手段の一つであった。申叔舟は朝鮮中心主義の立場から国家と国家の関係、来朝を通した他国支配エリート層との交流に必要な儀礼と法規を整理したのであった。

　そのように見ると、韓日間の文化の差を冷静に比較した芳洲の観点はむしろ客観的な視角の『看羊録』と通ずる点がある。姜沆はやむを得ない戦乱の時期に、直接日本で生活しながら、相手の考え・姿勢をよく理解するようになった。もちろん、甚大な苦痛をもたらした相手に対する激烈な憤怒はどうしようもないかも知れないが、姜沆はこの感情に巻き込まれずに、大乗的に昇華し、相手の長所をもって自国の弱点を補完しようとした[39]。『看羊録』は『海東諸国紀』と異なり、相手を徹底して検討し、その長所を積極的に活用しようとした。この点は柳成龍の『懲毖録』とも大きな差を見せる。懲毖録は主に〈壬辰戦争〉の経過推移を追い、主に朝鮮がそこまでは準備できなかった内部の問題を点検したり、反省したりすることに終わり、より肝心な主題である日本人と日本社会についての分析や考察が少ない。

　15 〜 16 世紀の朝鮮社会は、多大な被害を受けた後主観的な自国中心の『海東諸国紀』から客観的な視角の『看羊録』へと変わる転機を迎えた。自国中心主義を掲げるとき、平和は決して続かない。もちろん歴史は事実に背を向けず直視するとき、より意味を持つ。不義の戦争を起こし、それまでの韓日の隣好を損なう結果を招いた秀吉の過ちは大きい。それと同時に、感情に走るのではなく、姜沆のように現実を冷静に分析し、自身の弱点を克服する方案を模索する必要がある。姜沆の日本客観化は、日本で得た体験によるものであったと考えられる。相手を理解するためには、韓日間の不断な交流と開かれた姿勢が必要である。相互交流が成されるとき、

39　それは、姜沆自身の優れた人格によるものであるが、同時に藤原惺窩・赤松広通など多くの友好的な日本人の友人たちとの人間的な交流も重要だったと考える。

互いの不必要な誤解も除去することができる。それがあらゆる問題を解決する出発点であろう。易地思之の交流がより必要な時点である。

第 **2** 部

東アジアという文化空間

第5章

「わたしが一番きれいだったとき」

——茨木のり子と文貞姫の
詩的コミュニケーション

金 貞禮

1．はじめに

1990 年代末から 2000 年代の初めにかけて、いわゆるニューミレニアム
に対する不安と期待が世を覆っていた頃、韓国と日本は歴史認識の違いと
政治的争点をほとんどそのままに残しながらも未来志向的な雰囲気が形成
されるかに見えた。1998 年 10 月に当時の韓日首脳が「21 世紀に向けた
新たな韓日パートナーシップ宣言」を出した一方で、韓国は日本大衆文化
の開放の方針を発表し、2002 年の韓日ワールドカップ共同開催に先立っ
て両国の都市の交通標示板には両国の言語による標示が追加されることで
合意した。また、2003 年には日本の NHK での『冬のソナタ』の放映を
きっかけとして、あのよく知られた「ヨン様ブーム」が起き、「韓流」の
場が本格的に開かれた。しかし、当時の日本の主流メディアは「ヨン様」
に歓呼する自国の中年女性たちを見て、「若さ」を失い喪失感に捉えられ
ていた彼女たちがドラマの中の「純愛」にハマって現実逃避をしていると
いうなど、年甲斐のない逸脱として貶めたりした。また、韓国のメディア
はそれらの一連の事件を珍しいニュースとして海外トピックなどで短く報
道したりした。[1]

1　それに対して、韓国思想の研究者である小倉紀蔵は、1990 年代後半から始まった日本の
「韓流ブーム」は日本の歴史上 3 番目の「Look Korea（韓国を学ぼう）」であり、「日本人がふ
たたび主体化しようとする現在、『韓国』というコードが利用されている」ものと見なした。
また韓流ブームを主導した日本の中年女性たちは、自己省察的で主体的な女性である場合が
多いことを強調した。小倉紀蔵『韓流インパクト——ルックコリアと日本の主体化』講談社、
2005 年などを参照。

　その頃のある日、インターネットサーフィンをしていて韓国語に翻訳された茨木のり子（1926 〜 2006 年）の詩「わたしが一番きれいだったとき」を発見した時の驚きは今も忘れることができない。ブログやカフェの掲示板などで日本語学習者たちが一生懸命に試みた様々な翻訳があり、ネチズン（ネット市民）たちの感想がコメントとしてずらりと並んでいた。当時の韓国ではまだ茨木のり子の詩集は翻訳紹介されておらず、関連した論文が一つも発表されていない時期だった[2]。したがって、この詩は韓国のインターネット空間で詩人の名前はほとんど匿名のまま韓国の若者たちの心を動かすすてきな詩として広まっていたわけである[3]。韓国においての茨木のり子の詩はこの国のネチズンたちによって発掘されたようなもので、当時の IT 技術の革新がもたらしたと言ってもいいだろう。

　それから 20 余年が過ぎた現在、今なお茨木のり子という名前は馴染みが薄くとも「わたしが一番きれいだったとき」という題目の詩を知っている韓国人はかなりの数に上るだろう。また、もし詩を知らないとしても「わたしが一番きれいだったとき」という題目に馴染みがある者はより多いことだろう。当時のインターネット空間でネチズン読者たちの格別な愛情を受けたこの詩は、いつの間にか小説家コン・ソノク（2009 年）やシン・イヒョン（2011 年）などの現代韓国の有名女性作家たちが自らの小説の題目として借用したり、チェ・ヨンミの詩選集『わたしが愛する詩』（2009 年）の中でこの詩が紹介されたりした。さらに、2017 年 12 月から2020 年 12 月まで 2 年にかけて茨木のり子の詩集が 7 冊も韓国語に翻訳出

2　韓国で茨木のり子を対象として執筆された論文は、2007 年に筆者が彼女を追悼する心情をこめて書いた「同時代韓国の日常発見と詩的コミュニケーション──茨木のり子と黛まどかを中心に」（『日本語文学』第 35 号、韓国日本語文学会）が最初だった。
3　当時の韓国のインターネット空間では茨木のり子の詩の中で「わたしが一番きれいだったとき」と「自分の感受性くらい」の二篇の作品の人気が高かった。軽快で潑溂としたリズムを持った「わたしが一番きれいだったとき」とは異なり、「ぱさぱさに乾いてゆく心を／ひとのせいにはするな／みずから水やりを怠っておいて」と始まる「自分の感受性くらい」は、きわめて断固とした命令が反復される。このように対極的な二作品が同時に読まれたということは興味深いが、後に文学評論家のシン・ヒョンチョルは「命令してください」という題目のコラムで茨木のり子の詩を取り上げ、このような「命令」が「変わりばえのしない人生が息苦しいとき、詩人にしたいお願い」とこの詩を紹介している。シン・ヒョンチョル「シン・ヒョンチョルの文学使用法──命令して下さい」（『ハンギョレ 21』第 916 号、2012 年 6 月 20 日）。

版されたかと思えば、2020 年の夏には同じ題名の MBC ドラマ（16 部作）が放映されるなど、オンライン、オフラインを超えて多くの人々の話題となってきた。このように一般の韓国人にとって茨木のり子という詩人の名前は聞きなれないとしても、彼女の詩の認知度と影響力はかなり高いものがある。

実際、日本でも彼女は大衆性と文学性とを同時に備えた稀な詩人として数えられている。日本の戦後詩を先導した代表的な詩人として死後 15 年余りが過ぎた現在も詩集と関連書籍の出版が続いているだけでなく、日本の書店の現代詩コーナーの中央には常に彼女の詩集が置かれている。詩が読まれないこの時代に彼女の詩集がいまだにロングセラーの位置を守っているのは、一言で「読まれる詩人」としての彼女の文学的大衆性を意味しているのと同時に、日本の後続世代が彼女の詩的感性に共感を示している傍証だろう。

また、日本ではあまり知られていないが、茨木のり子の人生の軌跡と文学的成果の中にわれわれ韓国人の注目を引く部分が存在している。まさに彼女が人生の中盤から後半の 30 余年にかけて韓国に注いだ関心と熱情のことである。特に彼女が尹東柱（ユンドンジュ）に対して強い関心を持って書いた文章は後に日本の高校の国語教科書に掲載されることになった。

他方、韓国では 2018 年に現代の韓国を代表する詩人である文貞姫（ムンジョンヒ）（1947 年〜）が、茨木のり子の詩に答えるかのように「わたしが一番きれいだったとき」という題目の詩を発表した。「植民地」の国民であり「被害者」の国の「女性」としての立場から書かれた文貞姫の「わたしが一番

4　①『동주 다이어리東柱ダイアリー』（尹東柱 100 周年フォーラム編、2020 年）、②『시의 마음을 읽다詩のこころを読む』（2019 年）、③『이바라기 노리코 시집茨木のり子詩集』（尹東柱を愛した詩人、2019 年）、④『여자의 말おんなのことば』（2019 年）、⑤『처음 가는 마을はじめての町』（2019 年）、⑥『달에게 짖다月に吠える』（2018 年）、⑦『내가 가장 예뻤을 때わたしが一番きれいだったとき』（2017 年）。この外に韓国旅行記『한글로의 여행ハングルへの旅』（2010 年）がある。

5　例えば、2010 年に出版された彼女の評伝『清冽――詩人茨木のり子の肖像』を見れば、「ハングルへの旅」という題目の章において 19 頁（総 270 頁）の分量を割いて茨木のり子の韓国との関係を描いている。後藤正治『清冽――詩人茨木のり子の肖像』中央公論新社、2010 年、199 〜 217 頁。

きれいだったとき」は、日本の軍国主義に憤り、日本社会の右傾化に立ち向かう一方で、並外れた韓国への愛情によって韓国に対する日本人の「冷淡さ」を打ち破る先頭に立った茨木のり子の生涯と文学に対する韓国の女性文学者としてのレクイエムでもあった。反日と嫌韓のスローガンが騒々しく響く昨今の韓日関係を直視しながら、これらの二人の詩人が国と言語の境界を超えて成しとげた共感と連帯の「道」の中に以下入ってみよう。

２．茨木のり子の「わたしが一番きれいだったとき」と戦争

わたしが一番きれいだったとき
街々はがらがら崩れていって
とんでもないところから
青空なんかが見えたりした

わたしが一番きれいだったとき
まわりの人達が沢山死んだ
工場で　海で　名もない島で
わたしはおしゃれのきっかけを落してしまった

わたしが一番きれいだったとき
だれもやさしい贈物を捧げてはくれなかった
男たちは挙手の礼しか知らなくて
きれいな眼差だけを残し皆発っていった

わたしが一番きれいだったとき
わたしの頭はからっぽで
わたしの心はかたくなで
手足ばかりが栗色に光った

わたしが一番きれいだったとき
わたしの国は戦争で負けた

　　そんな馬鹿なことってあるものか
　　ブラウスの腕をまくり卑屈な町をのし歩いた

　　わたしが一番きれいだったとき
　　ラジオからはジャズが溢れた
　　禁煙を破ったときのようにくらくらしながら
　　わたしは異国の甘い音楽をむさぼった

　　わたしが一番きれいだったとき
　　わたしはとてもふしあわせ
　　わたしはとてもとんちんかん
　　わたしはめっぽうさびしかった

　　だから決めた　できれば長生きすることに
　　年とってから凄く美しい絵を描いた
　　フランスのルオー爺さんのようにね[6]

　　　　　　（茨木のり子「わたしが一番きれいだったとき」全文）

　この詩は 1957 年、茨木のり子が 31 歳の時に書かれた詩である。彼女は敗戦を迎えた日本の若い女性の視点から「戦争の悪」と「社会の矛盾」を日常的な言語と軽快なリズムによって語っている。

　全体 8 連（総 33 行）の中で、1 連から 7 連までの初めを「わたしが一番きれいだったとき」と反復し、「がらがら」と都市が崩れていった戦争の惨状と、その中で失われた自身の青春、「帝国」の敗戦に戸惑い絶望しながらも同時に自由と解放を満喫し、「占領軍」の音楽であるジャズと新文物が入り乱れる街を歩き回った時期を回想し、その頃の「ふしあわせ」と「とんちんかん」と「さびしさ」を吐露している。そして最後の 8 連に至って「わたしが一番きれいだったとき」という回想的な詩句の代わりに

　6　本章で引用した茨木のり子の詩の原文は『茨木のり子集』全 3 巻（筑摩書房、2002 年）に拠っている。

「だから決めた　できれば長生きすることに」と述べ、これからの人生に
対する確固とした意志を宣言している。実際、同世代の青年中の多くの者
が戦争によって、あるいは飢餓によって死んでいったことを思えば、茨木
のり子のこのような宣言は生き残った者としての憤怒であると同時に、自
らに対する誓いのように聞こえる。

　茨木のり子は 1926 年、韓国の小説家である朴 景 利（1926 〜 2008 年）
と同じ年に生まれ、朴景利より 2 年早く亡くなっている。大阪で生まれ
た彼女は満州事変（1931 年）や日中戦争（1937 年）、太平洋戦争（1941 年）
に至るいわゆる日本軍の 15 年戦争の中で成長した。1945 年 8 月に敗戦を
迎える時に 20 歳だった彼女は、いわば人生の 4 分の 3 を戦争の中で過ご
したことになる。

　1943 年 4 月に茨木のり子が東京の帝国女子専門大学の薬学部に入学し
た当時、日本は太平洋戦争のただ中にあり、「日本帝国」の「国民」は戦
場に、工場にと様々な形で総動員された。そのため茨木のり子も大学生活
の浪漫とか青春とかいったことはすべて後回しにして、勤労動員され工
場で働いた。彼女はそこでモンペを履き、昭和天皇（在位 1926 〜 1989 年）
の「玉音放送」を聞き、1946 年 9 月に戦争によって延期となった学業を
終え、大学を卒業した。その後、脚本家、童話作家などとして活動し、詩
を書く一方、1950 年に結婚、1953 年に同人誌『櫂』を共同で創刊するな
ど、文壇の内外で活発に活動を繰り広げた。

　彼女が 50 代に差しかかった 1970 年代の半ば、日本は 1960 年代に活発
だった学生運動の失敗とオイルショックなどによる世界的経済不況の中で
右傾化が加速していた。太平洋戦争から 30 年余りが過ぎたこの時期、戦
争を経験していない世代の成長とともに、戦争の記憶は薄れたり消えかか
りつつあった。それに伴い、敗戦直後に戦争責任の所在をめぐって先鋭に
対立していた左右の論争も、徐々に鎮静化し右派の方へ傾いていった。

　　戦争責任を問われて
　　その人は言った
　　そういう言葉のアヤについて

```
　　文学方面はあまり研究していないので
　　お答えできかねます[7]
```

```
　　思わず笑いが込みあげて
　　どす黒い笑い吐血のように
　　噴きあげては　止り　また噴きあげる
```

　　　　　　　　　　　　　　　　　　　　　　　　　　（「四海波静」部分）

　1975 年 10 月 31 日、昭和天皇は記者会見で「戦争責任」についての質問を受け、「そのような言葉のアヤについては、私は文学の方面はきちんと研究しているわけではないのでよく分かりません」（『朝日新聞』1975 年 11 月 1 日付）と答えた。これに対し茨木のり子は天皇を「その人」と呼び、その答えに呆れて、「どす黒い笑い吐血のように／噴きあげては　止り　また噴きあげる」と憤慨した。当時、この記者会見と関連してそのような発言をした日本の有名な文学者は彼女が唯一だったという[8]。

　また、茨木のり子は 1999 年に詩集『倚りかからず』（当時 73 歳）を出版した。彼女はこの詩集の題目となった詩「倚りかからず」において思想にも何ものにも寄りかからず、「倚りかかるとすれば／それは／椅子の背もたれだけ」だと断言した。

　太平洋戦争の敗戦後、いわば日本の戦後史の中での女性解放の歴史は女性の言葉の解放の歴史でもあった。戦後という時代がもたらした女性たちの多様な生のあり方は、それ以前の時代、すなわち戦争中には表現できなかった多様な表情を描き出すことを可能にした。その中でも茨木のり子の「わたしが一番きれいだったとき」は日本の戦後詩の代名詞のように言及されたりする。彼女の詩語は優れた批評性と斬新な日常性を駆使することで、日本の敗戦と戦後の時代を生きてきた創意的な一人の女性の感性を具

7　1975 年 10 月 31 日、昭和天皇は記者会見で「戦争責任」についての質問を受け、「そのような言葉のアヤについては、私は文学の方面はきちんと研究しているわけではないのでよく分かりません」と答えた。『朝日新聞』1975 年 11 月 1 日付を参照。

8　徐京植「監獄の兄に差し入れた詩集」（『ハンギョレ新聞』2016 年 1 月 24 日付）。

体的にわかりやすく描き出しているためである[9]。

　在日の研究者で、作家でもある徐 京 植（ソ ギョンシク）は「監獄の兄に差し入れた詩集」というコラムで、茨木のり子のこの詩が戦争のために青春を奪われた被害者として書いた慨嘆の詩ではなく、「封建制と軍国主義のくびきから解放され自立しようとする女性のまぶしさ、どこか『廃墟に差し込む光』とでも言いうるような輝きに満ちている」と述べた[10]。敗戦後、そして「わたしが一番きれいだったとき」を発表した時期に彼女と行動を共にしていた文学者たちの中の大多数が変わっていく世の中の現実を無気力に受け入れたのに対して、茨木のり子は自らの姿勢を崩さずに初志を一貫し、徐京植の言葉のように当時の「輝き」を失わなかったのである。

3．茨木のり子の人生と文学、そして韓国

　先に少し触れたように、茨木のり子が韓国に関心を持ち、韓国語を学び韓国を直接旅行したり韓国の文学者たちとの交流をしたのは 50 代半ばから晩年までの 30 年余りのことだった。しかし、彼女が韓国に本格的に知られたのは彼女が亡くなってからのことである。

　2006 年 2 月 17 日に彼女が亡くなると、翌日すぐに韓国の有力新聞が彼女の訃報を知らせたが、あまり話題とはならなかった。そんな中で彼女の 49 日に前後して故人と縁の深かった徐京植が「死者が送ってきた訃報」という題目の長い追悼文を『ハンギョレ新聞』に寄稿した。

　　このたび私（2006）年（2）月（17）日、（クモ膜下出血）にてこの世におさらばすることになりました。私の意志で、葬儀・お別れ会は何もいたしません。この家も当分の間、無人となりますゆえ、弔慰の品はお花を含め、一切お送り下さいませんように。「あの人も逝ったか」と一瞬、たったの一瞬思い出して下さればそれで十分でございます。
　　　　　　　　　　　　　　　　　　　　　　2006 年 3 月吉日[11]

9　新井豊美『女性詩史再考──「女性詩」から「女性性」の詩へ』詩の森文庫、2007 年を参照。
10　徐京植「監獄の兄に差し入れた詩集」（『ハンギョレ新聞』2016 年 1 月 24 日付）。

　徐京植はこの追悼文で、茨木のり子が生前に作成しておいた上のような
訃報の手紙を受け取ったこと、自分が中学生の時から彼女の詩を耽読した
こと、彼女の詩集を韓国に留学中に国家保安法違反で 10 年間獄中にいる
兄（徐俊植）に差し入れたこと、そうしたところ平素から茨木のり子の詩
に特別な愛着を持っていた兄が手紙（1982 年 7 月 31 日消印）に「どこかに
美しい村はないか」と始まる茨木のり子の詩「六月[12]」を韓国語に翻訳して
送り、「ここは一つの美しいユートピアだ。私の心の中にはこのような実
現可能なユートピアがとぐろを巻いている[13]」と書いて送ってきたこと、一
面識もない茨木のり子に兄の話を知らせたところ、しばらくして彼女が自
分の住んでいる京都の家まで直接訪れて来てくれたこと[14]、などを回顧して
次のように書いている。

　　彼女は予想していた通り、体格が大きく颯爽とした人だった。話し
　　方や動作すべてが明快で、精神的にもろかったり、情緒過剰のような
　　ところはまったく見られなかった。

11　この手紙は茨木のり子が生前に直接作成し、彼女の死後に知人たちに発送された。原文
は印刷された文章に（　）の中だけ手書きで埋められていた。徐京植はコラムでこの「手紙」
の一部を引用している。
12　「どこかに美しい村はないか／一日の仕事の終りには一杯の黒麦酒／鍬を立てかけ　籠を
置き／男も女も大きなジョッキをかたむける／／どこかに美しい街はないか／食べられる実
をつけた街路樹が／どこまでも続き　すみれいろした夕暮は／若者のやさしいさざめきで満
ち満ちる／／どこかに美しい人と人との力はないか／同じ時代をともに生きる／したしさと
おかしさとそうして怒りが／鋭い力となって　たちあらわれる」（「六月」全文）。
13　しかし、兄の徐俊植は別の手紙で「たとえ茨木のり子の詩がいくらいい作品だとしても、
そこから（すなわち、日本の詩人たちの詩的世界から）無理矢理でも抜け出て、朝鮮民族の
熾烈な詩的世界に身を投じなければならないと力説した」と述べた。徐京植「死者が送って
きた訃報」。
14　1971 年、徐京植の兄たち（徐勝、徐俊植）は「在日同胞学生学園浸透スパイ団事件」に
よって起訴され無期懲役を宣告された。当時、ソウル大学大学院社会学科に留学中だった徐
勝（徐京植の長兄）は不法逮捕され拷問を受ける中で焚身を試み、全身に重い火傷を負った。
この事件は韓国の独裁政権が国家の名によって行った残酷な暴力事件として日本で大きく報
道され、多くの日本人たちが徐勝の救命運動に参加した。1982 年、茨木のり子が 3 兄弟の中
で唯一京都に残っていた徐京植（1951 年〜）を訪れ、彼ら兄弟の話を直接聞いたことは彼女
のその後の人生に影響を与えたことを推測させる。一方、日本で大学教授として在職し、作
家としても活動している徐京植『ハンギョレ新聞』に定期的に寄稿したコラムで茨木のり
子に何遍も言及したことで、一般の韓国人に彼女を知らせる上で大きく寄与した。

　　戦後、日本の女性詩人茨木のり子が描いたユートピアが獄中の兄に
　耐え抜く力を与えてくれた。そして、自身に染み込んだ「日本」を
　「アルコールで洗い流してしまいたい」と切に思っていた兄は、たと
　え一部分であったとしても、それが自身を支えていたという事実に苦
　しんでいたのである[15]。

　上の文章からわかるように、茨木のり子は故国に留学中に監獄に収監さ
れていた在日青年に自らの詩で「耐え抜く力」を与え、京都まで直接家族
を訪ねて慰めと激励をするなど直接的「行動」によって共感の場を広げて
いった。

　彼女は 1976 年、満 50 歳の年に韓国語を学びはじめ、1980 年代半ばに
は数回にわたって韓国を旅行し『ハングルへの旅』（朝日出版社、1986 年）
を出版した。この本は作者が日本の代表的な現代詩人の一人で、確実な
読者層を持っていることで当時の日本で少なくない反響を引き起こしたの
だが、かなり意外なものとして受け取られた。1920 年代に生まれた彼女
が、少女時代に何遍も繰り返して読んだ『朝鮮民謡選』（岩波文庫、1933
年）に導かれて、1976 年（当時 50 歳）から韓国語を学びはじめ、1985 年
にはその間学んだ韓国語の実力を基にして 60 代半ばの年で当時「危険な
国」と見なされていた韓国を一人で旅行したというのがそうだったし、特
に彼女がフランス語や中国語でなく韓国語に関心を持ったというのがその
理由だった。

　しかし、彼女がこの旅行記の中で同時代の韓国の日常を発見し、韓国人
たちとコミュニケーションを図る姿は、近代以後韓半島（朝鮮半島）を旅
行した日本の文学者たち（主に男性）の旅行記のそれとはまるで違ってい
た。近代以後の日本でもっとも多く読まれた韓国旅行記である司馬遼太
郎の『韓のくに紀行』（朝日新聞社、1974 年）で述べられていた「日本で
はすでに失われてしまったものに対する深い郷愁」は、普通の日本人たち
（特に男性たち）が持っていた「帝国主義的郷愁」を刺激し、一種のエキゾ
ティシズムを誘うものだった。しかし、茨木のり子は同時代の韓国、その

15　徐京植「死者が送ってきた訃報」（『ハンギョレ新聞』2006 年 3 月 31 日付）。

「現在」と日常に視線を据え、そこに住む普通の人々と「韓国語」で話を交わした[16]。

　また、この本の題目『ハングルへの旅』からも推測できるように、彼女はこの旅行記のところどころで韓国語の魅力について多角的で繊細な筆致で書いている一方、韓国旅行中のエピソードとそれについての感想などを紹介している。韓国語を学びはじめた動機についても様々な理由を挙げているが、柳宗悦の「（日本人たちが）朝鮮の美術を愛しながら、その美術品の作者である朝鮮民族に対して冷淡なのは驚くべきことである」（『朝鮮とその芸術』）という批判に共感したのもその理由の一つと言い、「韓国語を学ぶことで朝鮮美術（過去と現在を含めた）をこよなく愛する一人として、その『冷淡さ』を乗り越える道ができないかと思った」と吐露している。彼女はこのようにして学んだ韓国語で韓国の詩を翻訳し、『韓国現代詩選』（1998 年）を出版し、その年の読売文学賞（研究翻訳部門）を受賞した。

4．文貞姫の「わたしが一番きれいだったとき」と「世界性」

　　男たちは挙手の礼しか知らなくて
　　わたしの国は戦争で負けたと
　　あなたが敗戦の街でジャズにむせび泣いていたとき
　　わたしは植民地が残した廃墟で
　　空っぽの丼のなかの困窮を生きていた
　　夥しい血を流しても

16　近代以後に朝鮮半島を旅行した日本人の文学者としては、1909 年に小説家の夏目漱石（1867 ～ 1916 年）、1934 年に俳人である高浜虚子（1874 ～ 1959 年）、小説家の司馬遼太郎（1923 ～ 1996 年）などを挙げることができるが、漱石の旅行記『満韓ところどころ』（実際の旅行は 1909 年 7 ～ 9 月）や虚子の小説『朝鮮』（1911 年 4 ～ 5 月）に朝鮮の自然や風光を素材とした詩や俳句は見られない。彼らは程度の差はあっても「観察者」としての立場があるだけで、旅行をする間に朝鮮の文化や生活や人々の中に入っていきはしなかった。特に 1970年代まで日本でもっとも多く読まれた『韓のくに紀行』（街道をゆく 2、朝日出版社、1974 年。実際の旅行は 1971 年 5 月 15 日～ 5 月 18 日、『週刊朝日』への連載は 1971 年 7 月 16 日号～1972 年 2 月 4 日号）で、司馬は日本人の「祖先の国」である韓国に行って、近代化がいち早く進んだ日本ではすでに失われてしまった日本文化のルーツを探そうとした。したがって彼の視線は同時代韓国の現実やそこに住む普通の人々や、彼らの「日常」に向けられはしなかった。金貞禮、注 2 の論文参照。

戦争が潜伏している真っ二つの半島

娘たちは凍傷になった手で工場へ行き

若い男たちはおなじ母国語を使う敵たちに

銃口を向けるために鉄柵の果てに行った

下手なイデオロギーを首にかけ

ベトナムのジャングルに行った[17]

わたしが一番きれいだったとき

くちびるが　ふくらはぎがどんなにきれいなのかも知らず

いつも棘ばかりのアザミだった

街には失業したごろつきたちが粗悪なロマン主義で

虎視眈々と時代をねらい

戦場から義手をつけて帰ってきた男たちは

空に向かって悲鳴のように叫び声を上げたりしていた

ギターに古着のジーンズをはいて

小便のように苦い生ビールをツケで飲み

若さを吐きだしていた

無能と腐敗がぐらぐらする街では

幼い靴磨きが女を斡旋していた

不正義と暴力に対する憎悪でのどが裂けるほど

自由と正義を叫び　石を投げた

催涙弾のなかで涙を流して

ミニスカートをはいて追われては

無知な伝統がぺろぺろと舌なめずりしている

恐ろしい結婚のなかに何もわからず飛びこんだ

戦争よりも巧みに女性を破壊するという

結婚のほかにはどこにも行き場がなかった

わたしが一番きれいだったとき

　　　　　　　　　　　　（文貞姫「わたしが一番きれいだったとき」全文）

17　ベトナム戦争に派兵された韓国軍は1964年9月から1973年3月まで総32万5000名、
そのうち5000名が死亡し、1万6000名が負傷した。

　文貞姫は2018年に発表したこの詩で、茨木のり子の「わたしが一番き
れいだったとき」をオマージュし、60年あまりの歳月と海を越えた詩人
に向かって答えるかのように書いている。

　茨木のり子が敗戦を迎えた日本「帝国」の若い女性の視点から、「戦争
の悪」と「社会の矛盾」を慨嘆する代わりに日常的な言葉と軽快なリズム
で未来に向かっていったのに対し、文貞姫は「植民地」女性の視点から日
本「帝国」が残した廃墟と貧困、引き続いた同民族間の戦争と分断の痛
み、ベトナム戦争への派兵、独裁と闘い愛と革命を夢見たものの「戦争よ
りも巧みに女性を破壊するという」「結婚」という制度の中に入らざるを
えなかった、国家と家父長制に縛られて自由を奪われた「女性」の人生を
悲嘆している。いわば「哭詩」と言いうる詩だ。

　茨木のり子の詩で「わたしが一番きれいだったとき」が7回反復され
るのに対して（8連、33行）、文貞姫の詩では2回反復されている（総1連、
33行）。二つの詩の背景は「廃墟」である。茨木のり子の廃墟は欲望と不
正に満ちていた「帝国」の滅亡とともに到来したのに比べ、文貞姫のそれ
はその「帝国」の滅亡とともにやって来るはずだった解放と自由の代わり
に「植民地」が残した貧しさと窮乏とともに到来した。戦うこともなく世
界に屈服し敗北した女性たち、「到来した廃墟」[18]の中で「被害者」の側の
「植民地」の女性たちが感じた絶望と解放は、「加害者」の側の「帝国」の
女性である茨木のり子が感じたそれと大きく違うものではなかった。

　文貞姫は1947年全羅南道の宝城で生まれ、中学校の時にソウルに転校
し、1965年高校在学中に初の詩集『花の息』を刊行し、当時天才少女詩
人として名を馳せた。1969年に大学在学中に文壇にデビューし詩人とし
て活躍するが、1982年から2年間、30代半ばの年で子供たちを連れてア
メリカ留学（ニューヨーク大学大学院）を敢行するなど、詩人としても生活
者としてもきわめてダイナミックな青春の時期を送った。

　1926年生まれの茨木のり子は、20歳の大学生の時までの15年間を戦
争中の軍国主義日本の中で成長したが、1947年生まれの文貞姫が20歳に

<hr>

18　パク・ヘジン「作品解説──到来した廃墟」（文貞姫『作家の愛』民音社、2018年、123
　～125頁）。

なるまでの韓国も並大抵ではない時期だった。解放直後、ひどい貧困の中でイデオロギーによって分断された朝鮮半島は、1950年に同民族間の全面戦争を経ても分断は続き、4・19革命によって独裁と反共主義のイデオロギー対立を脱皮するかと思われたが、1961年の5・16軍事クーデターと引き続いた独裁、そして1964年のベトナム派兵など、苦難の歴史の連続だった。

　先に少し触れたように、1986年に茨木のり子は随筆「空と風と星と詩」が収録された旅行記『ハングルへの旅』を、文貞姫は長詩集『アウネの鳥[19]』を出版し、それぞれ尹東柱（1917～1945年）と柳寛順（ユ グァンスン）（1902～1920年）を再照明している。

　茨木のり子は自身が韓国語を学ぶのは、「日本が朝鮮を植民地化した三十六年間、言葉を抹殺し、日本語教育を強いたのだから、今度はこちらが冷汗、油汗たらたら流しつつ一心不乱にハングルを学ばなければならない番だと痛感したから」（『ハングルへの旅』）だと述べ、この旅行記の最後に尹東柱についての文章を載せている。茨木のり子はこの文章で抵抗詩人以前の一人の青年尹東柱と、彼に対する日本人の「冷淡さ」の実体を直視し、彼の詩の読解を試みている。彼女は尹東柱の写真を見て凛々しく知的な雰囲気の彼に関心を持ち、彼の詩を読みはじめ、彼の詩に感動する。しかし、1942年に東京の立教大学を経て京都の同志社大学に移り勉強するものの、1943年に逮捕され1945年に福岡刑務所で亡くなった青年尹東柱を記憶する日本人がただ一人もいなかったことに絶望する。茨木のり子は日本人の一人として心からすまなく思い、「尹東柱は日本の検察の手によって殺害されたようなものである。痛恨の感情を持たずしてこの詩人に会うことはできない」と吐露した。彼女は尹東柱の人生の軌跡を尋ねてわざわざソウルに住んでいる彼の実の弟を訪問し、生前の尹東柱と彼の詩についていろいろな話をし、彼を追慕したりもした。

　一方、文貞姫は柳寛順の生涯を描いた叙事詩形式の長詩集『アウネの

19　この詩集は1986年に初版本が、2007年に改訂版が出版され、柳寛順の100周忌であった2019年に改訂増補版が出版された。なお、本章で引用する文貞姫の詩の日本語訳はすべて筆者による。

『鳥』で、彼女を愛国の志士として讃えるのではなく、一人の少女の自由な
魂、真の生命の秘密を歌いたいとして、次のようにはじめている。

　　草花ひとつが
　　崩れ落ちる世界を引きとめられる。

　　小さなうぶ毛の手首で
　　闇にしずんだ国を
　　ほんのつかの間
　　いや、ずっと永遠に
　　すくい上げられる。

　　草花ひとつ　その命が砕け
　　暗く痛ましい心に
　　星となった。

　　消えることのない大きな星として
　　歴史に刻まれた。

（「序詩」全文）

　文貞姫は「柳寛順を破壊し蹂躙した日本帝国に歯ぎしりする思いでこの
詩を書いた」（初版本「後記」）と吐露する。このような彼女の心情は、柳
寛順の絶命の瞬間を描いた次の詩「死因」によく表れている。

　　天地が白く色あせた日
　　1920 年 10 月 12 日
　　午前 8 時 12 分
　　動いていた時計が急にぴたっと止まった。

　　空には際だって

まっさおな流星が流れ
監房のなかにかかっていた電球が
ひとりでに割れた。

鳥は羽ばたいていたつばさを最後にたたんだ。

「あいつらは滅びる。絶対に滅びる」

この一言、
小さな悲鳴のように出しながら
花首が折れるように　頭を落とした。

数え 17 年をすごした
朝鮮の地
永遠に去った。

彼女の
死因は

夢のなかでさえ
声がふるえるが、17 歳の彼女の死因は

生きているこの地上のすべての血のなかに
刻み込まれなければならない
「子 宮 破 裂」

＊梨花学堂のウォルター校長が柳寛順の遺体を学校に運んだ。貞洞教会で
　告別式をし、梨泰院の共同墓地に埋葬されたが、都市開発によって墓地
　はなくなった。1962 年に建国勲章が、2019 年に建国勲章大韓民国章が
　追贈された。梨花女子高校は 1996 年に名誉卒業証を授与した。

（「死因」全文）

　満 16 歳の柳寛順の死因が「子宮破裂」であったことは、「植民地」朝鮮の血脈を絶つという日本「帝国」の残忍性を象徴し、朝鮮の不妊を意味しているはずである。文貞姫の涙は「植民地の女性」「女性という植民地」という重畳した「廃墟」の中で自尊心を声高く歌い倒れていった一人の少女を讃える招魂の意識であるとともに、哭の現場でもあった。

　文貞姫は初版本の「序文」でこの長詩を 1975 年春から書きはじめ、途中で推敲を重ねながら 1986 年にようやく完成することができた理由について、「他国での 2 年」の経験を挙げている。彼女はニューヨークでの 2 年を回顧して「私の国を森ではなく山として眺めるようになったのもその時」であり、「36 年の植民地のアングルで眺めた日本人ではなく、客観化した日本と日本人を初めて見れるようになったのもその時だった」と言い、次のように述べている。

　　この詩をはじめて書きだした時も今も世界は変わらず憂鬱で、日本は山のようにそこにぴたっと置かれている。
　　許そう。しかし、決して忘れはしない。[20]

（『アウネの鳥』初版本　序文）

　それからまた 30 年が過ぎた現在、「世界は変わらず憂鬱で」、日本は「山のように」ではなくむしろ「絶壁」のように「ぴたっと置かれている」ままであるように見える。それにもかかわらず、「許そう。しかし、決して忘れはしない」と誓った文貞姫は「わたしが一番きれいだったとき」を書いた。

　この詩は生涯を通して戦争と独裁に反対し、「帝国」の女性として「植民地」の人々に「許し」を乞い、「植民地」の現在に関心を持ってそこに暮らす人々と交友した茨木のり子の人生と彼女の詩の世界に対する献辞でありレクイエムでもある。「（文貞姫は）文字どおりの意味でコスモポリタン、世界性の詩人」であり、「それまでの韓国文学が持ちえなかった世界

20　文貞姫『アウネの鳥』ナンダ、2019 年、11 頁。

性という可能性は、文貞姫の詩に到って実体をそなえた現実となった[21]」という評論家の言葉を借りるならば、彼女が書いた「わたしが一番きれいだったとき」こそ「実体をそなえた現実」として韓国の詩の「世界性」を示してくれる詩であるはずだ。

5．おわりに

　茨木のり子の評伝『清冽——詩人茨木のり子の肖像』を書いた後藤正治は、茨木のり子の韓国に関する章を終えるにあたり次のように書いている。

　　　茨木のり子の死を心から悼んだ在日、そして朝鮮半島の友人たちがいたことは、彼女がもらった知られざる勲章だった[22]。

　この文章で「（日本では）知られざる勲章」という表現は、多くのことを含意している。なぜ「知られざる勲章」であるのか。30年を超える間、韓国語と韓国に関した活動にそそぎこんだ茨木のり子の情熱と成果は、なぜ日本では目を背けられるのか。おそらくその理由のうち一つは彼女の韓国に関する行動や文学活動が、日本の主流のそれとは違った方向を向いていたためであるだろう。以前、日本帝国の強制占領期には韓国の陶磁器と舞姫の崔承喜（チェスンヒ）を愛し、1970年代には独裁に抗議する金大中（キムデジュン）と金芝河（キムジハ）を支持し、積極的に救命運動を繰り広げながらも、その民族に対しては冷淡だった日本人たち、そのため決して同時代を生きるその民族の具体的日常を知ることもなかった日本人たちの韓国に対する長い「冷淡さ」の枠を破るために先頭に立った、いわば日本の中の「行動する良心」であった茨木のり子。韓国に向けた彼女の真心と情熱が今では多くの韓国人読者の心に響いたのだろうか。2019年7月以降に韓日関係がひたすら閉塞の道をたどっているにもかかわらず、最近の3年間、彼女の詩を韓国語に翻訳した詩集が出版ラッシュを見せており、新聞には彼女に関するコラムが頻繁

21　パク・ヘジン、2018年。注19の文章、127頁。

22　後藤正治『清冽——詩人茨木のり子の肖像』中央公論新社、2010年、217頁。

にあちこちに載せられている。こうした状況は、これからの韓日関係と文化交流に示唆するところが大きい。

　最近の韓日関係は「韓流ブーム」などの感情的な親近感にかかわらず、男性たちが主導する政治的コミュニケーションの深い断絶は相変わらずで、誤解と歪曲がむしろ深まっている。しかし、茨木のり子が日本人の「冷淡さ」を克服するために試みた様々なこと、韓国語を学ぶことや韓国に関する勉強、韓国への訪問、そして韓国語での会話の試みなどのコミュニケーションの方式は、初期の韓流ブームを主導した日本の中年女性たち、そして最近の韓流を主導している若い女性たちに引きつがれているように見える。韓国文学はわずか 20 ～ 30 年前まで日本の出版界では全然売れない、いわば「鬼門」の扱いを受けてきた。しかし、最近は日本語翻訳も多様にされており、さらにこの頃日本でもっとも多く売れている韓国小説が他でもないチョ・ナムジュの『82 年生まれ、キム・ジヨン』（2016 年）であるという事実は、茨木のり子と文貞姫が示した韓日のシニア世代のジェンダー的共感がチョ・ナムジュの小説を読んだ韓日のジュニア世代に引きつがれていることの傍証であるだろう。

　一方、「この味がいいねと君が言ったから七月六日はサラダ記念日」という短歌で韓国の若い女性たちにさわやかな愛の歌の感性を刻みこんだ俵万智（1962 年〜）は、コラム「『愛の不時着』ノート」を毎週金曜日の夕方 6 時からインターネットで公開している。彼女はこのドラマをネットフリックスで見て感動し、3 回も見たのだが、「あまりにも素晴らしすぎて、好きすぎて」「言葉にしておかないと心の嵐がおさまらない」ので「ノート」をはじめたと言い、総 16 部作の感想を短歌とともにアップロードしている。次は、「ノート」の「はじめに」（2021 年 2 月 5 日）とドラマ第 1 回の感想（2 月 12 日）で彼女が作った短歌である。

　　金曜の六時に君と会うために始まっている月曜の朝
　　ゼロひとつ含んだ長き掛け算を終えたるごとし人と別れて
　　「不器用に俺は生きるよ」またこんな男を好きになってしまえり

　韓国ドラマ『愛の不時着』[23]は、このようにいまや当代日本最高の短歌作家の詩心を刺激する創作モチーフとなり、このドラマの様々な場面やストーリーは日本の伝統詩歌の短歌として生まれ変わっている。俵万智が持っている認知度と文学的大衆性、そして読者層の厚さを考える時、その波及力はかなりのものであるだろう。彼女の短歌を読んだ『愛の不時着』のファンの読者は、国籍を問わずこれらの短歌に共感し、ドラマの場面や俳優たちの交わしたセリフなどをふり返りながら、新たな観点でこのドラマを見ることになるのではなかろうか。それは過去20余年の間、韓国で茨木のり子の「わたしが一番きれいだったとき」が大衆的に読まれはじめ、いまや有名な韓国の女性文学者たちの創作モチーフとなり彼女らの文学として生まれ変わっているのと同じ現象である。

　茨木のり子と文貞姫はそれぞれ日本と韓国でもっとも尊敬される詩人であり、同時に厚い読者層を持っている詩人である。文貞姫は「どちらの側にも立たず、どちらの陰にも隠れなかった」詩人で、「ただ自分の人生と世界の言葉を通して新しい道に出て行」き、ひいては「何ものにも拠りかからずどこにも隷属しない、自由な言語」[24]世界にいるという評価を受けている。これは生涯の最後に『倚りかからず』という詩集を残した茨木のり子にもそのまま適用される。二人の詩人の詩が国家と世代と言語の境界を超えて詩的普遍性を持つのは、彼女たちが分かち合った時代の痛みとジェンダー的な共感に基づいているだろう。茨木のり子と彼女の詩が韓国人の愛と支持を受け多くの読者層を持っているように、文貞姫の詩が日本人読者層に広く読まれ共感を受ける日もそう遠くないことを望んでやまない。

23　『愛の不時着』は、2019年12月14日から2020年2月16日までtvN放送局で放映された16部作ドラマで、当時この放送局の開局以来の最高視聴率（21.7％）を記録した。日本では2020年2月23日にネットフリックスで16部作全体が同時公開され、以後大きな人気を集め「第3次韓流ブーム」のきっかけとなったと評価されている。
24　キム・テヒョン「もっと遠いところから帰ってくる」（『月刊詩人ドンネ』第52号、文学の殿堂、2017年、45〜46頁）。

■参考文献

新井豊美『女性詩史再考──「女性詩」から「女性性」の詩へ』詩の森文庫、
　2007年

後藤正治『清冽──詩人茨木のり子の肖像』中央公論新社、2010年

茨木のり子『ハングルへの旅』朝日出版社、1986年

茨木のり子『倚りかからず』筑摩書房、1999年

茨木のり子『茨木のり子集　言の葉』全3巻、筑摩書房、2002年

茨木のり子訳編『韓国現代詩選』花神社、1990年

金素雲『朝鮮民謡選』岩波文庫、1933年／1993年（再刊）

金貞禮「同時代韓国の日常発見と詩的コミュニケーション──茨木のり子と黛ま
　どかを中心に」（『日本語文学』第35号、韓国日本語文学会、2007年）

キム・テヒョン「더먼곳에서돌아오는（もっと遠いところから帰ってくる）」（『月
　刊詩人ドンネ』第52号、文学の殿堂、2017年）

黛まどか『サランヘヨ──韓国に恋をして』実業之日本社、2003年

文貞姫『작가의사랑（作家の愛）』民音社、2018年

文貞姫『아우내의새（アウネの鳥）』ナンダ、2019年

小倉紀蔵『韓流インパクト──ルックコリアと日本の主体化』講談社、2005年

司馬遼太郎『韓のくに紀行』（街道をゆく2）、朝日新聞社、1974年

シン・ヒョンチョル「신형철의문학사용법──명령해주세요（シン・ヒョンチョ
　ルの文学使用法──命令して下さい）」（『ハンギョレ21』第916号、2012年6
　月20日

徐京植「심야통신──죽은자가보내온부음（深夜通信──死者が送ってきた訃報）」
　（『ハンギョレ新聞』2006年3月31日付）

徐京植「감옥의형에게넣어준시집（監獄の兄に差し入れた詩集）」（『ハンギョレ新
　聞』2016年1月24日付）

高野悦子・山登義明『冬のソナタから考える──私たちと韓国のあいだ』岩波書
　店、2004年

高浜虚子『朝鮮』（高浜虚子全集第5巻）、改造社、1934年

俵万智「『愛の不時着』ノート」https://note.com/tawaramachi/n/n69631ba33d1f
　（2021.2.25最終アクセス）

第6章　日本の物語と韓流ドラマにおける〈背負い（おんぶ）〉のナラティブ

平林　香織

1．はじめに

　南アフリカの考古学者デヴィッド・ルイス＝ウィリアムズは、洞窟壁画に示された隠喩（メタファー）を読み解き、そこに表現された今から2万5000年以上前の後期石器時代の人々の心を明らかにした。彼は、「意識という概念の諸相を明らかにするには、（必然的に！）隠喩（メタファー）を使わざるをえない」と主張する。たとえば、2万年前にラスコーの洞窟に描かれた多くの動物たちのイメージには、シャーマンたちが神や自己と対話するためのメタファーが読み取れるという。

　　　ラスコーのシャーマニズムの核心部にあり、かつ人々の思考に構造を与えていたメタファーやイメージは、異なるいくつかのコンテクスト——神話と芸術のなかで、またおそらくはダンスや音楽においても同様に表現されていた。立坑を降りて行った者たちは単に絵を眺めていたわけではなかった。彼らは現実の物事、現実の精霊動物や精霊、現実の変容を見ていたのである。彼らは膜を通して霊魂の領域における出来事を見、そしてそこに参加していた。立坑内の絵画はラスコーのシャーマニズムの本質を、その複雑なメタファーを凝縮させたかたちで捉えている。

　ここでいう「膜を通して」とは、岩の裂け目や凹凸を利用した遠近法

1　デヴィッド・ルイス＝ウィリアムズ著／港千尋訳『洞窟のなかの心』講談社、2012年。

的な表現方法によって、という意味である。七つのエリアに分かれる200
メートルの洞窟に描かれた雄牛や馬が、それぞれのエリアの岩の立体的な
形状を利用して飛び出したり落下したりするように見える描き方によっ
て、その場所（コンテクスト）での物語（ナラティブ）を獲得していたとい
う解析だ。そして、それらの動物のメタファーは「霊魂の領域」における
実際の出来事として捉えられていたという。「膜を通して」「出来事を見」
るというのは、現在の3D画像のようなシステムだろう。認知考古学と神
経心理学の理論に基づくウィリアムズの解析は、壁画や出土品に表現され
たメタファーが、人間の意識にある種の現実として作用していたことを明
らかにする。メタファーが物語（ナラティブ）を獲得して人間の意識に作
用する。これは、考古学におけるナラティブ・アプローチといえるだろう。

　大島直行はウィリアムズの手法を用いて、日本の縄文時代における土偶
や竪穴式住居や環状列石が、月のバイオリズムと密接に関わるメタファー
であることを明らかにした。一風変わった土偶の形状や目的が不明とされ
てきた環状列石に、縄文人が紡ぎ出した生と死の物語を見いだす大島の論
は、刺激的かつ説得力をもつ。大島は唯物史観的な考古学の限界と、考古
学におけるナラティブ・アプローチの重要性を強調する。

　また、近年、斎藤清二らがリタ・シャロンのナラティブ・メディスン理
論を日本に紹介することで、医療の世界でもナラティブが重視されつつあ
る。医療者と病者がさまざまなメタファーを共有し、病の物語を治癒の物
語へと転換する文理融合的なアプローチである。ちなみに、日本では、江
戸時代末期の梅毒専門医・船越敬祐が、『絵本黴瘡軍談』という梅毒菌を
擬人化した物語を著している。この書は、江戸時代には日本人の人口の2
割が感染していたともいわれる梅毒のナラティブ・アプローチによる治療
活動の一端だった。

　考古学や医学といった人文科学以外の分野でも、人間の心の問題が介在

2　大島直行『月と蛇と縄文人』角川書店、2014年。
3　リタ・シャロン著／斎藤清二他訳『ナラティブ・メディスン——物語能力が医療を変える』
医学書院、2011年。
4　拙稿「日本文学とナラティブ・メディスン——『絵本黴瘡軍談』におけるナラティブ」
（『N: ナラティブとケア』第12号、2021年）参照。

する場合には、物語（ナラティブ）を避けては通れない。

　物語は、エピソードを集積し、メタファーの象徴作用によって、文字に表明しきれないニュアンスや抒情、神話的哲学的メッセージを読者に届ける。その結果、作中の〈モノ〉や〈コト〉は因果関係をもったナラティブを獲得し、線状的なストーリーを越えていく。すると、享受者の情緒は強く動かされる。そこに文学の感動と力がある。また、享受者には作者の意図や解説を離れて、作品にちりばめられた〈モノ〉や〈コト〉を因果論的につなぎあわせる自由と楽しみも与えられ、自分自身の人生のナラティブが刺激されるということもある。

　本章では、物語に登場する〈背負い〉という行為を一つのメタファーと捉える。そして、〈背負い〉のイメージがコンテクストにおいてどのような意味をもち、どのような心象を伝えるものとなっているかを明らかにする。物語に描かれる〈背負い〉について、『善光寺縁起』、『伊勢物語』「芥河（あくた）」、『大和物語』「姥捨」、そして井原西鶴の浮世草子を対象として、聖なる〈背負い〉と愛の〈背負い〉の両面から解析する。そして、それをもとに韓流ドラマにおける〈背負い〉が、聖なる〈背負い〉と愛の〈背負い〉のメタファーの系譜に属し、運命的な愛・男女の一体感・愛の結晶化を示して作品のナラティブを牽引するものであることを明らかにする。

　日本語と韓国語には「おんぶ」に相当する語がある。日本でも朝鮮でも、かつては多くの乳幼児がおんぶによって育てられてきた。おんぶは子どもを守り育てながら労働することを可能にする。文学における〈背負い〉は、そのような我々の風習に端を発し、生きることと強く結びついた表象といえる。以下、具体的に述べていこう。

２．聖なる〈背負い〉

　日本三如来といわれる三国伝来の如来像がある。大陸から日本に渡来したと伝承される仏像三体で、京都嵐山清涼寺の釈迦如来像、下京区因幡堂（いなばどう）平等寺の薬師如来像、そして、長野市善光寺の阿弥陀如来像である。そのうち、京都の二体の仏像が伝来した三国とは、インド→中国→日本だが、善光寺の阿弥陀如来像だけは、インド→朝鮮→日本の三国伝来の像といわ

れている。『善光寺縁起』は、インドでは月蓋長者（がっかいちょうじゃ）、朝鮮・百済では聖明王（せいめい）、日本では本田善光として転生した人物によって、生き仏である阿弥陀如来が、インドから朝鮮半島を経て日本にもたらされたことを伝える。そこで語られる仏教伝来のいきさつは6世紀の話だ。清凉寺や平等寺の三国伝来如来像の伝承（11世紀）より古く、日本への仏教伝来の史実と密接に関わるものといえる。また、清凉寺と平等寺の如来像は木像だが、善光寺の阿弥陀像は竜王からもらった閻浮檀金（えんぶだごん）（プラチナ）でできているとされる。しかし絶対秘仏であるため現在では誰も見ることができない。

　縁起の内容を見てみよう。インドの月蓋長者は、娘・如是姫（にょぜひめ）の病をきっかけに熱心な仏教信者となる。目蓮尊者が竜王からもらい受けた閻浮檀金を材料に、阿弥陀如来の法力により生き仏・阿弥陀像を得る。やがて、朝鮮の聖明王として転生し、如来像も朝鮮へ渡る。王は熱心に仏教を信仰したが、あるとき如来が自ら日本に渡ることを宣言する。后をはじめ王宮の女性たちが如来との別れを悲しみ、如来の船を追いかけて海に入り、波間に消えてしまった（図1参照）。

　日本に来た如来は、崇仏派と廃仏派との争いが収まるまでは時期尚早であると難波の浦に自ら身を沈める。その後、信濃国（しなののくに）の下級役人・本田善光が、国司の供をして都に上った折、難波の堀江というところにさしかかると、突然海中から阿弥陀如来像が出現する。如来は、善光の背中に乗っかり、国元へ自分を連れ帰るように言う（図2参照）。善光は信濃までの長く険しい山道を如来像を背負って帰ったが、不思議と重さを感じることな

5　「『日本書紀』欽明天皇紀などにみえる百済王。『三国史記』の百済王第二十六代の聖王（在位五二三－五五四）にあたる。（中略）王は高句麗や新羅との戦いに日本の軍事的援助を求めた。王が天皇に対して『臣』と称し、人質を出し、また梁から得た中国文化を日本に伝えたのもこの援助要請と関係があり、いわゆる仏教公伝もその代償の一環であった。しかし、たび重なる高句麗との戦闘は国力を疲弊させ、高句麗から得た漢城の地も新羅に奪われ、五五四年、王は新羅との戦いで殺され、百済は大敗北を喫した」（『国史大事典』より）。

6　善光寺の公式ホームページに縁起が詳しく掲載されている。
https://www.zenkoji.jp/about/engi/

7　かつて武田信玄が甲斐に持ち出し、豊臣秀吉が京都に持ち去ったが、亡くなる前に長野に戻したとされる。

8　画像は国文学研究資料館新日本古典籍総合データベース掲載の松野陽一旧蔵書『善光寺縁起』1692年。

図1　『善光寺縁起』巻二「如来百済の利益」挿絵

図2　同上、巻四「本多善光が由来同南郡上洛」挿絵

く、疲れも覚えなかった。善光は、臼の上に如来像を置いて妻・桂とともに朝夕如来を礼拝した。ある日、一子・善佐（よしすけ）が亡くなってしまう。亡くなった善佐の前に阿弥陀如来が現れ、善光の行いに免じて善佐を蘇生させると告げる。善佐は、地獄の獄卒の責めを受けている女性を見て同情し、自分の代わりに彼女を蘇生させてほしいと如来に頼む。如来は善佐の心がけに感じ入り、善佐と女人を二人とも蘇生させた。その女人は皇極天皇であった。天皇は、如来と善佐の功徳に感銘し、如来を安置する寺を創設した。これが善光寺の由来である。

　かつて善光寺には絵伝場があった。絵伝場では、定期的に縁起絵の描かれた大きな掛け軸を広げ、縁起譚を絵解きしながら善光寺信仰を広めてきた。現在でも絵解きは行われている。

　八宗兼学の寺である善光寺は多くの参拝客を集めてきた。江戸時代には、万人に極楽往生を約束するお血脈を与え、江戸、京都、大阪など全国への出開帳を繰り返した。江戸への出開帳では、前立本尊が据えられた回向院に江戸藩邸で暮らす諸国の大名の妻たちが参詣したり、前立本尊が江戸城に入城して大奥の女性たちが結縁したりしたという。[9] 能『柏崎』や『山姥』の舞台でもあり、女人救済の寺として信仰を集めてきた。江戸時代末期には伊勢神宮を抜いて女性参詣客が全国でもっとも多い寺だった。縁起にも如是姫、百済の姫たち、善光の妻・桂御前、皇極天皇など多くの女性が登場

　9　鷹司誓玉「善光寺の出開帳について」（『佛教大学研究紀要』第44・45号、1963年）参照。

する。皇極天皇は百済と積極的に交流した天皇としても知られる。インドの海底からもたらされた阿弥陀如来が、百済の王宮の女性たちの犠牲の上に、難波の海底を経て、信濃にやってきた。

　古代神話に登場する姫たちは、英雄の成功を促すために海神に身を捧げる場合があるが、折口信夫はそのような斎女を「水の女（いつきめ）（め）」と定義した[10]。百済の姫たちは、竜王由来の阿弥陀如来が日本で信仰を獲得するために犠牲となった水の女といえる。そして難波の海底に身を沈めた如来は、善光の登場を待ち、善光の背に乗った。なぜ、善光だったのかは不明だが、百済の女性たちの犠牲を経て、善光は如来を背負うことによって、文字どおり、日本に仏教を広める役割を負ったのである。

　このように水と関わりのある〈背負い〉の物語は、キリスト教の伝説にもある。聖クリストファー伝説である。クリストファーはキリスト教の聖人のひとりで、「不慮の災害や急死から免れる救難聖人としてヨーロッパの民衆の間で、広く崇められる[11]」存在だ。多くの画家がクリストファーの姿を描いているが、ヒエロニムス・ボスの「聖クリストフォルス[12]」がよく知られている（図3）。

　クリストファー伝説は次のようなものである。

　　カナンに住む大男が自分の力を誇り、この世で最も強い者に仕えたいと思っていた。ある日、川辺で、幼い子どもに、自分を連れて川を渡ってほしいと頼まれ、子どもを背負って、川の中を渡っていく。ところが次第に川の水かさが増し、背負っている子どもがどんどん重くなっていき、溺れそうになる。子どもを川に投げ捨ててしまいたい、という誘惑にかられるが、なんとか川岸にたどり着く。その幼子こそイエス・キリストであった。男は、キリストこそ世界で最も強い者だと確信し、クリストファーと名乗る。キリストの忠実な僕（しもべ）となり布教

10　折口信夫「水の女」（『折口信夫全集』中央公論社、1995年［『古代研究　民俗学篇第一』大岡山書店、1929年4月の再録。初出は『民族』第2巻第6号、1927年、『民族』第3巻第2号、1928年］）参照。
11　『キリスト教の本〈下〉聖母・天使・聖人と全宗派の儀礼』学習研究社、1996年。
12　挿入図版はStefan Fischer. *Hieronymus Bosch. The Complete Works*, TASCHEN, 2014による。

図3　聖クリストフォルス（1945-1500頃）ボイスマン美術館所蔵（ロッテルダム）

活動を行ったが、迫害を受けて殉教する。

クリストファーが危うくくずおれそうになったほどの子どもの重さとは、キリストがその身に引き受けた人類の罪の重さであり、同時に、クリストファー自身のもって生まれた罪の重さでもある。クリストファーは罪の重さと向き合い、それに耐えつつ川を渡る責務を成し遂げたときに、「キリストを運ぶ者」としての自身のあるべき姿を認識するにいたった。

水は、命の源であり、聖なるイメージも破壊や死のイメージももつ。川を渡るという行為にはさまざまなメタファーを読み取ることができる。男が川を進むにつれて水かさが増し背中の子どもが重くなっていったのは、通過儀礼のようでもある。イエスの化身である幼子が自らを背負って川を渡らせることを男に強いたのは、困難に打ち勝つ信仰の強さを求めたのだろうか。水と関わる〈背負い〉の物語として、『善光寺縁起』と通じ合うものがある。

シシリー・ソンダースは、1967年に世界ではじめてロンドンにホスピスを設立したが、そのホスピスの名前は「セント・クリストファー・ホスピス」である。ソンダースが、ホスピスにクリストファーという名前を冠したのは、助かる見込みのない病者の苦しみを背負う覚悟の表れといえるだろう。

ところで、ボスの絵を見ると、幼子を背負っているというより、日本語でいうところの「肩車」をしているように見える。「肩の荷を下ろす」という言い方があるように、肩に乗せられた荷物とは、運ぶためのものである。それに対して、背負われる側の腹と背負うものの背中をぴったりとくっつけた〈背負い〉は、両者の一体感を強くイメージさせるものだ。

ちなみに、同じような背負いの話に、夏目漱石『夢十夜』の「第三夜」

がある。「第三夜」は、民話「こんな晩」型の短編である。自分の子ども
を背負って歩く父親の背中で、子どもが突然、「丁度こんな晩だつたな」
と言い出し、なんだろうと思っていると、「御前がおれを殺したのは今か
ら丁度百年前だね」と明かす。過去現在未来と続く時間の流れにおける、
親と子、背負うものと背負われるもの、殺すものと殺されるものという立
場の反転による因果論的な世界が描かれる[13]。

　　　自分は我子ながら少し怖くなつた。こんなものを背負つてゐては、
　　此の先どうなるか分らない。どこか打遣る所はなからうかと向ふを見
　　ると闇の中に大きな森が見えた。

父親が背負っている子どもが彼にとっては重荷であり、どこかへ捨てて
しまおうと、子どもの存在を否定してしまう。また、子どもが自分の前世
の悪事に言及する場面の直前においては、子どもの重さ＝自分の罪の重さ
が、〈背負い〉の感覚に直結する表現となっている。

　　　雨は最先から降つてゐる。路はだんだん暗くなる。殆んど夢中であ
　　る。只背中に小さい小僧が食付いてゐて、其小僧が自分の過去、現
　　在、未来を悉く照らして、寸分の事実も洩らさない鏡の様に光つてゐ
　　る。しかもそれが自分の子である。さうして盲目である。自分は堪ら
　　なくなつた。

現実の時間の枠を超えて、自分が殺した人間が自分の子どもとなって生
まれてきて、親の罪を告発するという現象は、告発された側にとっては、
現世での時空を超えた問題としていかんともしがたく、不条理である。し
かも、背負い背負われるという状況の中でそれが提示されることで、その
不条理がぬぐいきれないような身体感覚を伴って迫ってくる。殺した相手
が自分に最も近いもの、しかも、もっとも大切なものとなって転生してく
る因果律と罪の問題が、父親が子どもを〈背負い〉ながら歩くという姿に

13　『夢十夜』本文の引用は『定本漱石全集』（岩波書店、2017 年）による。

象徴的に表現されている。

　父親に背負われた子どもが、父の耳元でこっそり父が犯した前世の殺人についてつぶやく。父の背中にぴったりと自分の腹を密着させた状態で、子どもの声とそのおぞましい内容が、父親の身体に覆いかぶさっていく。

　わが子が因果論的な罪の暗喩となっており、それを「背負う」ことによって、父親はわが身にその罪を引き受けなければいけない。そのことへの重苦しい圧迫感。スキンシップを助長するおんぶが、背負う側と背負われる側との愛情の交流を促すとは逆に、肌と肌が触れ合うことによって、子どもに象徴される罪の重さがいっそう身に応える。

　『夢十夜』「第三夜」に登場する〈背負い〉は、背負うものと背負われるものとの間に、あたたかい交流以外のものが、行き来する身体感覚を表現する。クリストフォルスの伝説における〈背負い〉はいわばキリスト教的原罪のメタファーといえるが、「第三夜」の〈背負い〉は仏教的な因果応報的罪障意識のメタファーといえるだろう。

　『日本国語大辞典』（小学館）には他動詞の「負う」の語義として次の項目が挙げられている。

　　①背中に乗せる。背負う。しょう。
　　②身に受ける。こうむる。引き受ける。イ　傷害を身に受ける。ロ
　　　恨み、報いなどを身に受ける。ハ　責任をひきかぶる。
　　③身にもつ。イ　負債など悪い状態を身にもつ。ロ　義務、責任をも
　　　つ。ハ　（「…に負う」の形で）そのことに原因する。影響を受ける。
　　　おかげをこうむる。
　　④後ろにする。背景にする。
　　⑤名をもつ。その名を名のる。

　善光が背負った如来は、生き仏とはいえ仏像であり、本来「運ぶ」ものである。それを背負ったところ、重さを感じることなく、疲れも覚えず山中を歩くことができた。ところが、キリストは子どもの姿をしていながらどんどん重くなり、また、川の水かさが増し、川をわたるのに困難を極め

た。ここに二つの伝説の大きな違いがある。如来によって選ばれた善光と世界一強いものとしてキリストを選んだ男という違いである。聖なる〈背負い〉として、同じように水の経験を伴う伝説であるが、選ばれた男と選んだ男という違いがある。

　一方、「第三夜」は親子の〈背負い〉が、親となった男の罪を告発する。
　おんぶの風習について歴史的な事実を確認しておこう。

　平野春雄によると、おんぶの風習は、農耕文化にはあるが、牧畜文化にはないという[14]。おんぶは、主としてアジア、太平洋諸島、アラスカのエスキモー、北米のインディアン、南米のインディオ、アフリカの黒人社会に広がる。おんぶ文化は、牧畜文化（ヨーロッパ文化圏）には見られない。英語には「おんぶ」に相当する単語はなく、carry (a person) on (one's) back と表現される。まさに「運ぶ」イメージである。

　おんぶの利点として、平野は、①赤ん坊の保護と移動に便利、②労働上の必要性、③防寒上の必要性、④精神発達上の利点、⑤マザーリング（スキンシップ）の上の利点、を指摘する。

　育児上の〈背負い〉＝「おんぶ」はこのように守り育てるという側面が強調されたものだ。

　国際日本文化研究所の画像データベースには、19世紀の日本や日本統治下朝鮮における幼児をおんぶする女性の画像がある（画像1〜5参照）。画像1は写真撮影が家族のプロフィールを残すハレの行為であったことを思わせる晴れやかなおんぶ姿である。画像2は行商から花を買い求めている女性に子どもが背負われているもので、子どもをおんぶしながら女性の日常が営まれていたことを示す。画像3は朝鮮半島の女性を撮影したものだが、線路沿いを歩いている女性に子どもが背負われている。その裏に、次のような朝鮮でのおんぶの風習に関する解説文が掲載される。

　　子供を背中に括りつけて負ふことは、最も原始的な子守方法だと思はれるが、その方法にも色々ある。南洋や亜弗利加土人のやうに、首から背中に吊し下げた横木の上に坐らせてゐるものもあれば、日本

14　平野春雄『おんぶのこころ——私の育児哲学』近代文芸社、1984年。

左：画像1「赤ん坊をおんぶした娘と、かんざしを
つけた少女」写真 ID：YA080027
右：画像2「荷車に積んだ花を売る行商人」写真
ID:YA074044
（国際日本文学研究センター　古写真データベース
江戸末期〜明治初期の手彩色写真より）

左：画像3「子守の女（朝鮮）」整理番号 37-46-10-10 発行：亜細亜写真大観社
中央：画像4「（朝鮮風俗）親子（イ 454）」整理番号 14-d-49 発行発行：日ノ出マーク
右：画像5「（朝鮮風俗）親子（俗 25）」整理番号 13-18-5 発行：京城日之出商行
（国際日本文学研究センター　朝鮮写真絵はがきデータベース ［山本俊介氏所蔵 1900–1940
年代］ より）

　　　　　　[ママ]
　見たいに足を分けて負ふものもある。
　　一般に朝鮮では、子供を自分の肩よりもずっと低く、恰も腋の下か
　ら負ふた子に乳が飲ませられる位に負ふ。

　腰の位置で授乳できるようにおんぶするというスタイルが新鮮なもの
だったことは、画像5の絵はがきからもわかる。

　保立道久は中世の説話や絵巻に描かれたおんぶの姿を検証し、異界の聖なる存在と交流するためのおんぶ、冥界に赴くための死者のおんぶ、女を扶助する男のフェミニズムとしてのおんぶ、主人を送り届けるための従者のおんぶがあったとする。[15]

　さらに安井眞奈美によると、日本においても伝統芸能において、稚児が足の裏が地面について穢れることを忌避して肩車によって運ぶことがあるという。[16]つまり、神の子としての稚児を移動させるための肩車があったことがわかる。そのように考えるとクリストファー伝説も、イエス・キリストを肩車に乗せて運んだことが、聖なる存在が水に穢れることを忌避した行為と読み解くこともできるだろう。

　古今東西における〈背負い〉の表象は実にさまざまで議論はつきない。

3．『伊勢物語』「芥河」の〈背負い〉

　図４の俵屋宗達の「芥河図」（国宝）は、『伊勢物語』第六段の切ない恋情を伝える名作である。

　『伊勢物語』は、第三段から第六段、および六十段において、「二条后」こと藤原高子（842〜910年）と「むかし男」（＝在原業平）との恋を描く。高子は866年に清和天皇の女御（天皇の后で、中宮に準ずる位）として宮中に入る。貞明親王（後の陽成天皇）を産み、中宮、皇太后となる。

　第六段は「芥河」の段として親しまれている。全文は次のとおりである。[17]

　　むかし、男ありけり。女のえ得まじかりけるを、年を経てよばひわたりけるを、からうじて盗みいでて、いと暗きに来けり。芥河といふ河を率ていきければ、草の上に置きたりける露を、「かれは何ぞ」となむ男に問ひける。ゆく先おほく、夜もふけにければ、鬼ある所とも

15　保立道久『中世の愛と従属――絵巻の中の肉体』平凡社、1986年。
16　安井眞奈美『怪異と身体の民俗学　異界から出産と子育てを問い直す』2014年、せりか書房。おんぶと肩車の違いは、褻（ケ）と晴（ハレ）、女性性と男性性などさまざまな観点から論ずることができるだろう。
17　『伊勢物語』本文の引用は、新日本古典文学全集12『竹取物語　伊勢物語　大和物語　平中物語』（小学館、1994年）による。

図 4　俵屋宗達「芥河図」色紙

しらで、神さへいといみじう鳴り、雨もいたう降りければ、あばらなる倉に、女をば奥におし入れて、男、弓、胡籙（やなぐひ）を負ひて、戸口にをり、はや夜も明けなむと思つつゐたりけるに、鬼はや一口に食ひてけり。「あなや」といひけれど、神鳴るさわぎにえ聞かざりけり。やうやう夜も明けゆくに、見れば率て来し女もなし。足ずりをして泣けどもかひなし。

　　　白玉か何ぞと人の問ひし時つゆとこたへて消えなましものを

これは二条の后の、いとこの女御の御もとに、仕（つか）うまつるやうにてゐたまへりけるを、かたちのいとめでたくおはしければ、盗みて負ひていでたりけるを、御兄（せうと）、堀河の大臣、太郎国経（くにつね）の大納言、まだ下﨟（げらふ）にて、内裏（うち）へ参りたまふに、いみじう泣く人あるを聞きつけて、とどめてとりかへしたまうてけり。それをかく鬼とはいふなりけり。まだいと若うて、后のただにおはしましける時とや。

【口語訳】

　むかし、ある男がいた。自分の妻にできそうになかった人を恋人にして、長年にわたって逢いに通っていたが、やっとのことで連れ出して、たいそう暗い中をやってきた。芥河という河を連れて渡ったところ、草の上に降りている露を見て、女が「あれは何ですか」と、男に尋ねた。行く先は遠く夜も更けてきたので、鬼が出る場所とも知らず、雷がたいそう激しく鳴り、雨もたくさん降っていたので、がらんとした倉の奥に女を押し込んで、男は、弓ややなぐひ（矢の入れ物）を背負って戸口に居て、「早く夜が明けてほしい」と思いながら戸口に座っていた。その間に、鬼が女を一口で食べてしまった。女が、「きゃー」っと叫んだが、雷が鳴る騒ぎで女の悲鳴が男には聞こえなかった。だんだん夜が明けてきたので、蔵の中を見てみると、連れてきた女がいない。じたんだを踏んで泣いたが、何のかいもなかった。

　　真珠ですか、何ですかとあの人が尋ねたときに、「露です」と答
　　えてわたしたちも露のように消えてしまえばよかった。
　これは二条后が従姉の女御のもとに、お仕えするようにしていらっ
しゃったのを、姿がとてもすばらしく美しかったので、盗んで背負っ
て出てきたのを、兄君の堀河の大臣と太郎国経の大納言が、まだ低い
身分で内裏へ参上なさった折に、たいそう泣いている人がいるのを聞
きつけて、押しとどめて取り返しなさったのだ。それをこのように
鬼といったのである。まだ二条后がたいそうお若くて一般人でいらっ
しゃった時のこととか。

　「むかし男」は、自分よりも高位の女性を選び、その女性を盗み出す。
深窓の姫君である女は、夜に出歩いたことなどない。草に降りた夜露が
きらきらと反射しているのを見て、「あれは何か？」と男に尋ねる。この
初々しくも切ないやりとりの一瞬を、宗達は捉えて絵画化した。
　逃避行の行く先は粗末な小屋だった。雷鳴のとどろく中で一夜を明か
す。男が戸口に立って寝ずの番をしている間に女は鬼に食べられてしま
う。これは女が兄たちに連れ戻されてしまったことを「鬼に食われた」と
言ったのだという説明が付加される。
　男は女を背負った逃避行の時間を振り返り、歌を詠む。

　　白玉か何ぞと人の問ひしとき露と答えて消えなましものを
　　（真珠ですか、何ですかとあの人が尋ねたときに「露です」と答えてわたし
　　たちも露のように消えてしまえばよかった）

　ぴったりと身体をくっつけ顔を寄せ合った女のあどけない問いかけに男
が応じた幸せな一瞬。そのまま露のように二人で消えてしまえばよかっ
た、という男の歌は、切ない愛の瞬間を永遠に結晶化したものだ。
　俵屋宗達の絵は、禁断の恋に命をかけた男女がもっとも幸せだった一刹
那を〈背負い〉によって表している。島内景二は、「まもなく悲劇的な和
歌が詠まれていることを知っている鑑賞者は、二人の人間関係が辛うじて

存立しえている画面に、安心感にも近い感動を覚える」と述べた。千野香[18]
織は、「全体が丸みを帯びた求心的な形にまとめられ」「女の体重を負って
歩いているという現実感がない」ことから、「かたくひとつに結ばれなが
ら、夢の中にふわりと浮かんでいるかのように見える」と分析する。そし[19]
て女が小さめに描かれていることも、背負うという行為を、重荷を背負う
苦痛とは無縁のものにしているという。

　宗達の伊勢物語絵の色紙は46枚が現存し、一度に描かれたのではなく、
1624〜1650年ごろの間に描かれたのだろうといわれている。江戸時代に
は多くの『絵入伊勢物語』が版行されたが、「芥河」の話は、ことごとく
〈背負い〉の場面を描くという。〈背負い〉は禁断の恋の幸せな一瞬を結晶[20]
化し永遠のものとしたのである。

4．男が女を背負うとき──井原西鶴の場合

　1686年刊行の井原西鶴の浮世草子『好色五人女』巻三「中断に見る暦
屋物語」の第四章「小判知らぬ休み茶屋」もまた、『伊勢物語』「芥河」の
〈背負い〉をふまえている。手代の茂右衛門は、人妻である女主人・おさ
んと恋仲になり、駆け落ちする。おさんは、はじめは茂右衛門に手を引か
れて山中に入る。しかし、体力が限界に達する。そこで、次ページの挿絵
にあるように茂右衛門がおさんを背負う。背負い背負われながら二人は幸
せな新生活を夢想する。おさんはみるまに気力体力を回復していく。腹と
背中のスキンシップによって二人の一体感は強まり、背負われたおさん
だけではなく背負った茂右衛門も疲れや不安から解放されていく。「芥河」
とまったく同じ展開である。しかし、二人はほどなく追っ手に捕まりとも
に処刑されてしまう。この〈背負い〉も禁断の恋のもっとも幸せな瞬間を
結晶化したものといえる。

　『西鶴諸国はなし』（1685年）巻三の第二章「面影の焼残り」にも〈背負
い〉が描かれる。京都の造り酒屋の一人娘が、風邪をこじらせて14歳で

18　島内景二『伊勢物語の水脈と波紋』翰林書房、1998年。
19　千野香織「絵を見る喜び──作品の『良さ』を言葉で語る」（千野香織／西和夫『フィク
ションとしての絵画──美術史の眼　建築史の眼』ぺりかん社、1991年）。
20　信多純一『にせ物語絵　絵と文・文と絵』紀伊國屋書店、1995年。

亡くなり火葬される（江戸時代、
都市部では火葬が一般的だった）。
乳母の夫が、骨上げの予定時間
より早くひとりで火葬場に行く
と、娘が生きていた。そこで、
棺桶に別人の骨を入れて、娘を
背負って火葬場から連れ出し、
貸し座敷に匿い養生させる。娘

図5　「小判知らぬ休み茶屋」挿絵

は全身焼けただれていたが半年後にはもとの姿に戻る。しかし、いつまで
たっても口をきけないので、占わせた結果、娘の実家で葬式を出したこと
が原因だとわかる。そこで、乳母の夫が娘の実家に行って事情を話すと、
両親は喜び、娘の位牌を壊す。すると娘は口がきけるようになる。ところ
が、せっかく生き返って実家に戻れたのに、娘は、一室に閉じこもり親と
の面会も拒否して、やがて出家してしまった。

　乳母の夫は、なぜ、誰よりも早く火葬場へ行ったのだろう。当時は、一
晩かけて火葬したのち、翌朝拾骨する習慣だった。骨上げは、僧侶の読経
のもとで親戚一同が行う。なぜ、それを無視したのか。また乳母の夫は、
墓場で娘が生きているとわかると、他の人間の骨を置いていくという偽装
工作をして娘を火葬場から連れ出した。なぜだろうか。理由は書かれてい
ない。彼の行為は不思議な、そして、怪しい行動として印象づけられる。

　本文では、娘が出家したのは「この程の恥」による、と書かれる。[21]

　　この程の恥を悲しみ、親達のなげきを思ひやり、万の心ざし、常に
　たがふ事なし。「我無事すゑずゑは出家になして」と、一筋におもひ
　定め、その後は親にも一門にも会はず。
　　かくて三年も過ぎて、昔に替はらず、美女となりて、つねづね願ひ
　通り、十七の十月より、身を墨染の衣になし、嵐山の近なる里に、ひ
　とつ庵をむすび、後の世を願ひける。またためしもなき、よみがへり

21　西鶴の浮世草子本文の引用は、すべて、新編日本古典文学全集『井原西鶴集②』（小学館、
1996年）による。

ぞかし。

【口語訳】

　娘は、今回の恥を悲しんで、親たちの嘆きを思って、すべての志は親と異なるということがなかった。「わたしは無事に過ごしたら、そのうち出家にしてください」と、一心に思い定め、その後は親にも親戚にも会わなかった。

　こうして三年もすぎて、昔にかわらず美女となったが、常々願っていたとおり、十七歳の十月から、身を墨染めの衣とし、嵐山の近くの里に一つの庵を結び、後世を願った。前代未聞のよみがえりであることだ。

　娘が悲しんだ「恥」の具体的な内容はわからない。火葬されたのに蘇ったことをさすのか、あるいは、蘇ったことを親に知らされないまま乳母の夫に半年間介抱されたことをさすのだろうか。いずれにせよ、娘は何らかの後ろめたさを感じ、このまま生き残って普通に暮らすことを罪と考え、出家した。せっかく生き返ったのに、14歳で出家してしまった娘の行為には割り切れなさが残る。

　乳母の夫の理解しがたい行為と娘のかたくなな態度をつなぎ合わせたとき、いったいこの二人の関係はどういうもので、二人の間には何があったのだろう、と思わずにはいられない。

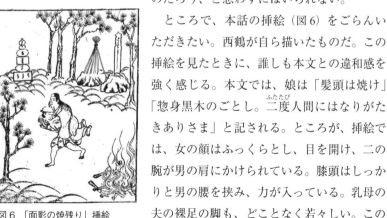

図6　「面影の焼残り」挿絵

　ところで、本話の挿絵（図6）をごらんいただきたい。西鶴が自ら描いたものだ。この挿絵を見たときに、誰しも本文との違和感を強く感じる。本文では、娘は「髪頭は焼け」「惣身黒木のごとし。二度（ふたたび）人間にはなりがたきありさま」と記される。ところが、挿絵では、女の顔はふっくらとし、目を開け、二の腕が男の肩にかけられている。膝頭はしっかりと男の腰を挟み、力が入っている。乳母の夫の裸足の脚も、どことなく若々しい。この

挿絵は、明らかに『伊勢物語』「芥河」の段の男女の逃避行を意識している。あたりを窺っている男の目線も、「芥河」の逃避行を連想させる。本文とは異なり、恋人たちの逃避行の絵のように見える。

　本話は、赤裸々な男女の熱情に彩られたものではないし、乳母の夫と娘の間に不義があったわけでもない。乳母の夫が娘に抱いていた思いは父親の情に近いものだったかもしれない。他人に対してあからさまにはいえないような、乳母の夫という立場を超えた、娘に執する思いとしかいいようがない。名状しがたい男の思いは、言葉にされることはなく、娘は、ただその思いを無言で受け止めるだけだったかもしれない。生き恥をさらしたくないという娘の強い罪悪感は親に内緒で乳母の夫に半年間匿われる身であったことによるのではないか。作品の随所から感じられる違和感に挿絵の図柄を重ね合わせ、相補的に解釈するならば、そのような読みも可能であるように思えてくる。男が女を背負って逃げる「芥河」における〈背負い〉＝男女の愛の結晶化、という図式をひとひねりした話として興味深い。逆説的に考えれば、〈背負い〉をきっかけに娘は罪障意識から出家したことになる。夏目漱石が『夢十夜』「第三夜」に用いた「こんな晩」型は、背負う側の罪障意識をクローズアップさせるものだが、それを逆転させた話ともいえる。

5．子が親を背負うとき――『大和物語』「姥捨」と西鶴

　『伊勢物語』の〈背負い〉は恋の情景だった。同じように男が女を背負ってはいるものの「芥河」とは大きく異なる『大和物語』「姥捨」の、子が年寄りを背負って捨てに行く姿について考えてみよう。

　「わが心なぐさめかねつさらしなやをばすて山に照る月をみて」の歌で知られている『大和物語』第百五十六段、姥捨山の話は、若くして親に死に別れた男が親代わりの伯母と同居していたが、男の妻が老いた伯母を疎んじ、「もていまして、深き山にすてたうびてよ」と言い募るのに閉口して伯母を山中へ捨てることを決意、伯母を背負って山中へ入り捨ててくる

というものである。ここで、男が伯母を捨て去るくだりを読んでみよう。[22]

　　月のいとあかき夜、「嫗ども、いざたまへ。寺にたうときわざすな
　る、見せたてまつらむ」といひければ、かぎりなくよろこびて負はれ
　にけり。高き山のふもとにすみければ、その山にはるはると入りて、
　高き山の峰の、おり来べくもあらぬに、置きて逃げて来ぬ。

【口語訳】

　　月のたいへんあかるい夜、「おばあさん、さあいらっしゃい。寺で
　尊い法会をするそうです、お見せいたしましょう」と言ったので、伯
　母はこのうえもなく喜んで、男に背負われた。高い山のふもとに住ん
　でいたので、その山にはるばるとはいっていき、高い山の峰で、とて
　もひとりでは降りてくることができそうもない所に、伯母を置いて逃
　げてきてしまった。

　月が明るく照る満月の夜に、男は伯母に、寺でありがたい法会があるか
ら連れていってあげよう、と声をかける。伯母は、喜んで男に背負われ
る。高い山に向かって、麓からずんずん登っていくようすが想像できる。
寺へ行くと思っていたのに、寺を過ぎて、山に分け入っていく甥の背中で
伯母は何を思っただろう。「寺へ行かないのか？」「どこへ向かっているの
か？」と尋ねたであろう伯母に甥は何と答えたのだろうか。無言のまま歩
き続けたのだろうか。背負われている伯母と背負っている甥は腹と背を
ぴったりと密着させているのに、その心は遠く隔たっている。

　伯母は、両親を亡くした甥の成長に責任を負って、文字どおり時には幼
い甥を背負いながら育て上げた。それなのに、今、伯母は、甥に捨てられ
ようとしている。結局、男は母性のシンボルともいえる「をばすて山に照
る月」を見ているうちに後悔の念にかられ、捨てた伯母を再び連れ帰る。
本文には「またいきて迎へもて来にける」とあるのみで伯母を背負ったと
は書かれていないが、当然、山に入ったときと同様、男は伯母を背負って

　22　『大和物語』本文の引用は、新日本古典文学全集12『竹取物語　伊勢物語　大和物語　平
中物語』（小学館、1994年）による。

山中から降りてきたはずである。

　行きには、一歩また一歩と歩みを進めるごとに、重苦しい罪悪感が澱のように男の心の中に沈んでいったはずである。伯母を山中から連れ戻すときはどうだっただろう。連れ戻される伯母は、いったんはあきらめていた人生がまた続くことになった安堵感と翻意し

画像 6　姥捨山の伝説がある長野県千曲市の冠着山（かむりきやま）。標高 1252 メートル。（筆者撮影）

た甥に感謝する気持ちに心安らかだっただろうか。あるいは、いったん抱いてしまった不信感をぬぐいきれないまま、今度またいつ捨てられるかもしれないと別の不安に襲われていただろうか。一日の間に捨てられたり拾われたりするわが身の悲運を嘆いていたかもしれない。いずれにせよ伯母の胸中には複雑な心情が去来したことだろう。ことばにならないさまざまな伯母の胸の内を男は触れ合う背中で感じ取っていただろう。伯母を見捨てなかったという点で、山を下る男の足取りは、行きよりは軽いものだったかもしれないし、これから先、また妻との間に入って伯母の命を守る責務の重さを感じて、重かったかもしれない。まさに〈背負い〉の心象風景である。そして、それは、子どもが大人に背負われて成長し、やがて、大人が老いて足腰が不自由になり子どもに背負われるようになる、という人間の変化の物語が投影された〈背負い〉でもある。

　西鶴の浮世草子にも、成人した子が年取った親を背負う話がある。

　1686 年刊行の『本朝二十不孝』（五巻五冊）は、孝道奨励を推進した徳川綱吉政権下にあって、「孝にすすむる一助」とするために、「孝なる道を知らず」に天罰を受けた子どもたちの話を集めたものである。

　巻四の第一章「善悪の二つ車」は、ともに親不孝な息子であった二人の男が、最終的には孝と不孝に分かれる話だ。そのきっかけとなるのが〈背負い〉である[23]。

　話の内容は次のとおりである。

23　本話における〈背負い〉の重要性を指摘したのは、佐々木昭夫「『本朝二十不孝』解」（『近世小説を読む──秋成と西鶴』翰林書房、2014 年）である。

　広島に住む甚七と源七は性質も容貌もそっくりで、二人そろって遊び人である。「縁付比の妹ありて」と記されているが、この妹がどちらの妹なのかは不分明で、甚七・源七は二人一組で区別する必要がないことがわかる。親の財産を蕩尽し、ともに勘当され、二人で岡山へ移動する。

　働く気も甲斐性もない二人は、足腰のたたない非人を連れてきて、老父にしたてあげ物乞いをすることにする。甚七は手押し車を作り老人を乗せ車を曳きながら、源七は老人を背負って物乞いをした。

　その結果、甚七は、手押し車にたくさんの品物を乗せることができ、多くの金品を手に入れることができた。そして、老人と品々の乗った重たい車を曳いた疲れから、夜は老人に辛くあたり、また、老人に按摩をさせて過ごした。

　一方、源七は、老人を背負っているのでそんなにたくさんのものをもてなかったが、それでも、老人を背負う姿に感心する人たちが食料をくれたので、その日暮らしではあっても飢えをしのぐことはできた。源七は、その老人をいたわりもした。また、甚七に対して、偽りであっても親と名付け、しかも、老人のおかげで物乞いの成果があがっているのだからその恩を忘れてはいけないと意見をした。甚七は腹を立て、二人の仲は悪くなってしまう。

　やがて、甚七が贋の父親に仕立てた老人が、橋本内匠なる歴々の人物で、その息子金弥が行方不明になっていた父を探し当て、源七を召し抱える運びとなる。さらに、甚七が手押し車に乗せていた老人も引き取り、源七の孝行と金弥の孝行とが重ね合わされる。一人残された甚七は、行く宛もなく、雪の山中で野垂れ死にしてしまう。

　顔も行動もそっくりだった二人が、はじめて行った別々のことが、甚七は老人を車に乗せ、源七は老人を背負うという物乞いの仕方だった。その結果、二人の老人への態度に違いが生じる。一日中老人を背負って物乞いをした源七は、自然と老人に情が湧き、実の親に対してはもてなかった孝心をいだくようになる。〈背負い〉が愛情に基づく行為であるということ

を逆手にとった話といえる。挿
絵では、右版面に手押し車に
乗った老人とそれを曳く甚七、
左版面に老人を背負う源七が描
かれ、二人の行為の対照性が一
目瞭然である（図7）。「善悪二
つ車」というタイトルも、老人
を車に乗せた甚七と老人を背

図7　「善悪の二つ車」挿絵

負った源七が、悪と善に分かれたことを暗示するものだ。

　老人を背負うことにした源七は、最初から老人に愛情を感じていたわけ
ではないだろう。物乞いのスタイルとしてたまたまおんぶを選んだにすぎ
なかった。しかし、その結果、思いがけず孝心をもつようになり、幸せな
未来が約束された。ちょっとした偶然が運命の歯車を大きく動かしたとい
う意味でも、タイトルの「車」という語は暗示的なものになっている。人
間の心はもろく弱い。心は変わりやすいということでもある。

　西鶴は、本来、愛情を伴う行為である〈背負い〉のスキンシップがきっ
かけとなって源七に情愛が生まれた話を造型した。〈背負い〉の特質を捉
えそれを巧みに利用した話である。

6．韓流ドラマにおける〈背負い〉の意味

　韓流ドラマにおける〈背負い〉を、これまで述べてきた日本文学に表れ
た〈背負い〉の特質から読み解いてみよう。

　韓流ドラマは、今や全世界の人々を感動させるものとなっている。その
原因の一つは、巧みにメタファーを用いたナラティブの効果にあるように
思う。

　韓流ドラマでは、しばしば、童話や詩の中の素材やストーリーを象徴的
に用い、ドラマの中のナラティブと童話や詩のナラティブを重ねて、視
聴者自身の人生のナラティブを刺激することもある。たとえば、ミヒャ
エル・エンデの童話『モモ』を用いた 2005 年『私の名前はキム・サムス
ン』、ドイツ叙事詩『ニーベルンゲンの歌』を用いた 2010 年『マイダス』、

キム・チョンスの詩「花」を用いた 2010 年『シークレット・ガーデン』、
チョ・ヨンの童話『ゾンビの子』を用いた 2020 年『サイコだけど大丈夫』
など、枚挙に暇がない。ドラマ自体のナラティブと依拠した童話や詩のナ
ラティブとが重ね合わされ、それは視聴者自身の人生のナラティブとも共
鳴する。こうしたナラティブの倍音効果を韓流ドラマの作り手はよく理解
している。

　たとえば、キム・ユンチョル監督、キム・ドウ脚本による『私の名前は
キム・サムスン』について考えてみよう。このドラマは、財閥の男性主人
公が、ルックスも才能も秀でた恋人から、すべてにおいて彼女よりも劣っ
ていると思われる借金を抱えたパティシエである女性主人公に心惹かれて
いく話だ。ストーリーとしては比較的単純なラブ・コメディである。

　脇役として、PTSD により失語症となった 7 歳ぐらいの少女が登場す
る。主人公の男女が、それぞれ時折彼女に『モモ』を読み聞かせている
シーンが挿入される。周知のように『モモ』は、ホームレスの年齢不詳
の女の子であるモモが、時間泥棒が人々から取り上げた〈時間〉を取り戻
すファンタジーだ。モモは誰よりも人の話を聴くのが得意な女の子だっ
た。誰もが、モモに話を聴いてもらうだけで、自分の愚かさやすばらしさ
に気づいて、問題解決の糸口を発見することができる、という受容的な少
女である。人の話を聴くことができるモモは、無条件でその人をまるごと
受け入れてあげる、そんな愛情に満ちた女の子だった。物語の後半、モモ
が、失われた時間を取り戻しに行くときに通るのが「さかさま小路」であ
る。急いでいるモモに、カシオペイアというカメが現れて「うしろむきに
進め」と教えてくれる。このすぐれた童話は、ただあるがままに今ここに
居るということの難しさとその価値を教えてくれる。『モモ』で扱われて
いる「時間」を「ナラティブ」のメタファーと考えることもできる。自分
自身の生きる道を見失ったとき、人は誰しも自分を語るべきことば（ナラ
ティブ）をも見失ってしまう。ことば＝自己表現と考えるならば、自分を
語ることばの喪失とはアイデンティティ・クライシスにほかならない。し
かし、誰かにまるごと自分のあるがままの今を受け入れてもらったとき、
人は失われたナラティブを回復させることができる。さかさま小路は、解

決方法は逆の発想によって凝り固まった固定観念を解きほぐしたときに見いだされる、というメタファーだろう。

　美しく才能豊かな恋人とそうではない女主人公の違いは、自分を語るナラティブがあるかないか、という違いでもある。女主人公はサンシク（三番目）というみんなから笑いものにされる自分の名前に誇りをもっている。その名前は亡くなった父親との親子の物語を語るために不可欠なものだからである。また、パティシエとしてお菓子にさまざまな思いを託して、三次元のスイーツに物語を作り込んでもいる。そんな彼女は、自分を語るナラティブをしっかりともっている人間だった。そして、容姿や名前のことでみんなから馬鹿にされることの多かった女主人公は、弱者に寄り添うことのできる心のいたみを知る人物として造形されており、失語症の少女の声なき声に虚心に耳を傾けることができた。女主人公のナラティブと『モモ』のナラティブに刺激されて、失語症の少女のナラティブも動き始める。また、この少女が女主人公の愚痴の聞き役になっているようなところもあり、少女自身がモモに擬せられてもいる。『モモ』の読み聞かせが終わり、童話の中で失われた時間が回復されると、少女の失われた声も回復し、男主人公はすっかり女主人公の虜になっている。

　このように、ナラティブの倍音効果を巧みに用いる韓流ドラマにおいては、直接他の文学ジャンルが利用されない場合も象徴的な小道具や場面がメタファーとして巧妙に組み込まれることが多い。恋愛ドラマに頻繁に登場する〈背負い〉も、危機を脱する運命的な共同関係の暗示、保護し保護される一体感の表出、そして身体的記憶と結びついた愛の結晶化、という点で、愛のナラティブを形成するための象徴的なメタファーといえる。

　第一点の「危機を脱する運命的な共同関係の暗示」とは、〈背負い〉が、背負い背負われる男女が互いに運命的な存在であることを宣言するものだということである。〈背負い〉は、恋愛の進行の初期段階に行われる場合が多く、〈背負い〉をきっかけにお互いの気持ちに気づくというストーリー展開もある。背負われるきっかけは、怪我や病気、酩酊、不慮の睡眠など、不測の事態による突発的な、危機的なできごとである。登場人物にとって予想外の困難な事態が起き、それを解消する手段として〈背負い〉

が用いられ、恋愛のプロセスが一段階進む。聖なる〈背負い〉が啓示的なものであったように、韓流ドラマにおける〈背負い〉のシーンは、運命的な愛を暗示する映像となる。「芥河図」の背負いが、二人が永遠に引き裂かれるストーリーとともにあるのと同じように、物語の危機性を担って登場する〈背負い〉のシーンは、恋愛の次の段階にむけて男女の思いが流れ出すようにという願いや、あるいは二人の関係が違う方向へ進んでしまうのではないかという不安を視聴者に呼び起こす効果がある。

　第二の「保護し保護される一体感の表出」とは、育児におけるおんぶの風習と深く関わる。〈背負い〉に保護するもの（男性）と保護されるもの（女性）という関係性が反映され、ドラマの〈背負い〉の場面が、背負い・背負われる者同志の一体感、背負う側の責任感と背負われる側の安心感を表現する。とりわけ、韓流ドラマの男優はしっかりと鍛錬された肉体をもち、相手役を軽々と背負ってみせることで、背負う側の肉体的負担を感じさせない演出になっている。俵屋宗達の「芥河図」が女性の小ささを強調して男の負担感を感じさせずに男女の一体感を強調したのと同じように、男性の肉体を強調して負担感を感じさせない。時には、病に倒れた女性を病院に運んだり、火災などの災害に巻き込まれた女性を救出したりするために、男性が女性を背負ったまま長時間走るという設定もある。〈背負い〉のシーンからは、肉体的な男性の強さというよりも、危機を脱して結びつかざるを得ない運命的な二人の一体感が強調されることになる。

　第三の身体的な記憶と結びついた愛の結晶化という点について説明しよう。映像は一瞬を切り取る。人々が絵入り『伊勢物語』の挿絵を見て、「芥河」の段に描かれた〈背負い〉に業平と二条后の結晶化された愛を体感したのと同じように、韓流ドラマにおける〈背負い〉の映像は、登場人物の愛の結晶のかたちを視聴者に身体感覚として伝える表象となる。実際には、どんなに肉体を鍛え上げた男性であっても、また、背負われる側がどんなに小柄であっても、男性が大人の女性を背負って長時間走ることはできないだろう。[24] ある意味で非現実であるからこそ、恋愛における夢と理

　24　前掲注 15 保立と注 16 安井は、中世の絵巻物から、日本では、大人の長期離移動の為のおんぶの際は刀や横板のような補助具を使ったことを指摘する。

想の表現として効果的な場面となり、長く視聴者の印象に残る。農耕文化圏に生きる我々は、おんぶの身体的記憶をもつ。多くの人がおんぶした経験もおんぶされた経験ももっているだろう。ドラマにおける〈背負い〉の場面は、その記憶と結びつき、強い身体感覚をもたらす。その結果、二次元の画面が三次元的な説得力をもつことになる。育児に由来する〈背負い〉は、使命感や責任感とともに、背負い背負われたときの肌のぬくもりや安心感を呼び覚ます映像となる。

　留意すべきは、韓流ドラマにおける〈背負い〉は、「女性を政治権力から排除する口実として、種々の先入観とあたかも証明ずみの真理のように見える教理[25]」を超えたものであるという点だ。〈背負い〉は、一見、強者であるかのような男性が、弱者であるかのような女性を背負うという点において、「弱き女性」という男性が作り上げた神話に基づいているかのように見えるかもしれない。しかし、これまで述べてきたように、焦点は、男性と女性とどちらが強いか弱いかという点にあるのではない。

　〈背負い〉は前に進む行為とともに行われるので、地に足を付けて力強く「生きること」のメタファーでもある。韓流ドラマにおける〈背負い〉は、聖なる〈背負い〉にも似た運命的な愛の行為であり、男女の愛の一体感や結晶化を象徴するものである。〈背負い〉は、童話や詩と同じように視聴者の深層心理を刺激し、ドラマのナラティブを牽引する役割を担っているといえるだろう。

【付記】

＊本章は、2021年1月19日にオンライン会議形式で開催された国際シンポジウム「韓日関係を東アジアの中で考える2」における口頭発表に基づきます。席上、朴奎泰先生、金容儀先生に貴重なご教示を賜りました。心より御礼申し上げます。
＊本文中に引用した資料に、今日の人権擁護の見地に照らして不当・不適切と思われる語句がありますが、発表時の時代背景を考え合わせ、原本どおりとしました。

25　ネー・バンサドン著／池田節雄邦訳『女性の権利──その歴史と現状』白水社、1983年。

第7章

海を渡る記憶と遠ざかる身体
—— 金在南「鳳仙花のうた」と
　崎山多美「アコウクロウ幻視行」

呉　世宗

1．はじめに

　在日朝鮮人文学にも沖縄文学にも多くはないが朝鮮人「慰安婦」を描いた作品があり、例えば柳美里『8月の果て』、梁石日『めぐりくる春』、又吉栄喜「ギンネム屋敷」、崎山多美「月や、あらん」などがそれにあたる。

　基本的に朝鮮人「慰安婦」問題を扱った作品は、史実に沿って被害にあう女性たちが強制的に移動させられ、連行された先で暴力を被る姿が描かれる。移動させられるということは、当然といえば当然であるが、一般化して言えば、もともと暮らしていた地域からその人が消えることであり、また移された先で軍人はもちろん、当該地域の住民たちからも歴史的文化的言語的な差異のもとで見られることである。つまり移動を強いられた当該人物は、元いた地域であれ、あるいは移動した先の地域であれ、どちらの場合でも存在そのものに疑念が持たれるのである。

　この不在と現前と疑念の絡み合いは、文学作品において彼女たちを表象することの困難として現れざるを得ない。そしてそれは、翻訳行為の困難さと一面において通じていなくもない。原文を翻訳言語に移す際、文化的な蓄積の上にある原文の意味やニュアンス、さらには文体の喪失などが必然的に生じるが、他方で翻訳された後もその文は移された言語の中で、よそよそしさを帯び続ける。そのような原文と翻訳の境遇は、彼女たちの立場と重なり合うところがある。

　しかし、移動した先での想像を絶する暴力がその者を深く傷つけ、もはや以前に戻ることができないほどにその人物を大きく変えてしまうなら

ば、移動先でその者が新たに「原文」と化していくような転倒が起こると言うこともできる。その意味で移動させられた者は、二重三重に自らを喪失し続けるのであり、しかしだからこそ「原文」と「翻訳」が転倒し合うような状態にある彼女たちは、自らの存在の根拠を求めて私たちに「翻訳」し続けることを繰り返し要請する。

　本章は、元いた場所（木浦〈モッポ〉）と連れて行かれた場所（沖縄）という関係に置くことのできる二つの作品、金在南〈キムジェナム〉「鳳仙花のうた」（河出書房新社、1992 年）と、崎山多美「アコウクロウ幻視行」（『クジャ幻視行』所収、花書院、2017。初出『すばる』2006 年 9 月号）を主に取り上げる。この二つの作品の分析を通じて、「慰安婦」とされた女性（たち）は元いた場所と行った先でどのように描かれているのか、そして彼女（たち）の記憶がいかに扱われているのかを検討していきたい。このことは現在の日韓関係を考える上で、ささやかな手がかりを与えてくれると考える。

2．沖縄に連行される女性
──金在南「鳳仙花のうた」に描かれる「慰安婦」

　「慰安婦」問題をテーマにした金在南の「鳳仙花のうた」は、金学順〈キムハクスン〉氏が日本政府を訴えた 1991 年 8 月の直後に発表されたという点と、この問題と沖縄を結びつけたことにおいて注目に値する作品である。

　木浦市で学生生活を過ごす 17 歳の「私」・容太〈ヨンテ〉は、毎年夏休みの間、父の広い農場がある田舎町・城内〈ソンアン〉で過ごす。1944 年 17 歳の夏休み、「私」は城内で「コップニ」と呼ばれる、ソウルから移ってきた美しい女性・金〈キム〉粉姫〈ブニ〉と出会う。ひと目で気に入った「私」は、少しずつ彼女と親しくなっていく。夏休みが終わる頃には、コップニは彼との結婚を意識し、「私」も彼女と人生を連れ添うことをぼんやり考え始める。夏休みの終わりに「私」は、コップニにできる限り会いに来ることを約束し、木浦での学生生活に戻る。

1　本章で用いたテクストであるが、「鳳仙花のうた」は『〈在日〉文学全集』13 巻（勉誠出版、2006 年）から、「アコウクロウ幻視行」は『クジャ幻視行』（花書院、2017 年）からである。以下、「鳳仙花のうた」および「アコウクロウ幻視行」から引用した場合、直後にアラビア数字によるページ番号のみ示す。

　しかし戦争の激化とともに学校での軍事教練も厳しさを増し、コップニに会いに行くという約束を果たせないまま秋から冬へと時間が過ぎていく。ある日、城内にいる義弟・容根<ruby>容根<rt>ヨングン</rt></ruby>から手紙が届き、コップニが役人に連れて行かれたことを「私」は知る。コップニは「女子挺身隊」に強制的に入れられ、日本、南洋に連れて行かれたのである。結局コップニの行方はわからず、「私」は喪失感を引きずったままその後の人生を歩むことになる。だが作品最後で、恩師から「慰安婦」にされたコップニかもしれない女性が沖縄・具志川で暮らしていると教えられ、50代となった「私」を乗せた飛行機が那覇空港に到着するところで物語は終わる。

　まず指摘すべきこととして、この作品は美しい記憶を残したままいなくなる女性と、それゆえ彼女への想いを断ち切れない男性という構図があることである。このことが「鳳仙花のうた」が抱えるジェンダー問題と繋がっている。作家は、コップニを過度に純潔な女性に設定しているが、そのような男性の視線は作品全体で一貫して疑われることがない。「コップニ＝花粉姫」という彼女のニックネームも作家の女性像を伝えるものになっている。そしてそのような女性像こそが、「慰安婦」にされた女性をより穢れた存在へと落とし込むよう作用しているのである。つまり、「従軍慰安婦」を問題化する方法であったにせよ、美しさ、穢らわしさ、そのいずれもが男性の視線のもとで決められている点にこの作品のジェンダー問題がある。

　作品・作者における男性中心主義は、コップニが連行された後にとりわけ強く現れ出し、彼女の生に対して「私」が施す解釈に影響を及ぼしている。例えば植民地支配からの解放後に医者となった「私」は、ある日「女子挺身隊」に関する新聞記事をたまたま目にする。その記事は「南洋諸島や沖縄」に放置され、「汚辱にまみれた体」のため帰るに帰れない朝鮮人の女性について伝えるものであった（388頁）。「私」が沖縄とコップニを結びつけることになった記事である。

　記事を目にした「私」は、ノミで突かれるような胸の痛みを覚え、最後まで読みきれない。また彼女たちの「汚辱」を想像すらしてこなかった自分に対し呆然とさえなる。しかし「私」は「コップニよ、恥がなんだ！

屈辱がなんだ！」（389頁）と叫びたい気持ちにかられ、蹲り、咽び泣くことで呆然さを払拭する。つまり「私」は、彼女が被った「汚辱」を「汚辱がなんだ！」と言うことで否定し、そうすることで彼女が被った巨大な植民地的暴力や自らの無知を後景化させ、問題を女性個人の心理に縮減してしまうのである。

　さらに55歳となった「私」は、人生の「呪縛」とさえ捉えていたコップニへの想いを、実は無意識的に「運命」と理解していたことに気づく。そう理解することで「私」は、悲しみを「苦い悲しみ」から「甘い悲しみ」へと変えていたこと、「彼女を追想（おも）うこと――これは、今や私の幸せ」とさえ考えるに至っていたことを自ら知る（391–392頁）。そのような価値転換は、女性の被った苦しみを自分自身の「幸せ」の追求や自らのアイデンティティを確立する契機にすることに他ならない。つまり被害女性の苦しみさえもが、男性である「私」の精神的な利益に沿って回収されてしまうのである。この価値転換に疑問が呈されるものの、しかしその後も「私」の主体のありように大きな変化が見られることはない。

　要するに金在南「鳳仙花のうた」において描かれる「慰安婦」は、彼女たちの苦しみを直視し、それを想像力を持って描き出そうとするよりも、男性の視線から一方的に解釈された姿に過ぎない。先ほど述べた「私」が「呪縛」を「運命」と見なし、「苦い悲しみ」から「甘い悲しみ」へと置き換えることなどは、まさにコップニという女性が男の解釈の枠組みの中に取り込まれていることを示している。

　とはいえ、彼女が男性の視線に捕らわれつつも、しかし作品後半から姿を消すことで、結果的に「私」に取り憑き続けていることは注目してよい。「取り憑かれる」とは、他者となかば受動的に重ねられつつ、しかしその重なりが完全でないために自己と他者の間でズレが生じている状態だとするならば、「私」はそのような取り憑き状態にあるからこそ、ズレのところにいる他者に悩まされ、にもかかわらず引き寄せられ、主体の危機に直面させられていく。別の言い方をすると、作品は男性目線の解釈を強力に打ち出しながらも、その解釈は存在するかどうかさえ定かではない他者によって常に脅かされているのである。

　繰り返せば「私」は、その不在／現前するコップニを追いかけて、海を越えてはるばる沖縄へと赴く。もちろん「私」が沖縄へ赴くことは、コップニを探し出すことで、取り憑き状態が生む他者とのズレを、またそれがもたらす苦しみ及び主体の危機を解消するための方策ではある。その意味で「私」の移動は、男性の視線に支えられた物語を補強する役割を担う。しかし作品が、コップニが見つかる／見つからないを開いたままにして終わっていることからすれば、不在のまま、しかし感知され続ける他者は、作家さえも制御できない強い影響を及ぼし続けるものとなっている。

　次節で両作品を繋ぐことになるドキュメンタリー映画について必要最小限論じ、「私」が「コップニ」を求めて向かった沖縄において、「慰安婦」がどのような存在として描かれているのかを崎山多美「アコウクロウ幻視行」で確認し、海を渡る記憶、そしてその記憶と「存在」の間で起こることを検討したい。

3.『沖縄のハルモニ』より

　「鳳仙花のうた」と「アコウクロウ幻視行」を繋ぐのは、ドキュメンタリー映画『沖縄のハルモニ』（監督・山谷哲夫）である。というのも1979年公開の『沖縄のハルモニ』は、「鳳仙花のうた」のなかで実名で名指されており、「私」の沖縄行きを後押しする一要因になっているからである。また「アコウクロウ幻視行」においても、直接その名が記されることはないものの、崎山の同作品に登場する老女の家が、この映画で映し出される元「慰安婦」裵奉奇の家と重なるところがある。

　本章では紙幅の都合もあり、崎山多美「アコウクロウ幻視行」を読むために必要な二つのシーンを確認するに留めたい。一つめは裵奉奇が那覇市に来る以前に暮らしていた、糸満市にあった家の映像である。「家」とは言うものの、他の家の一部であるように見える。長屋の一部のようでもあるが、しかし隣の家に寄生しているような作りでもある。また水道がないため外に汲みに行かなければならないことなどからすれば、そこは「家」というより「住処」に近い。実際静止画1に見られるとおり、その「家」は屋根を見ても正面扉を見ても物置のようである。台風が接近することの

多い沖縄においては、暴風雨に耐
えきれそうもない佇まいとなって
いる。

　二つめの静止画は、その「家」
の内部の映像である。映画内では
部屋を全体的に映すシーンがない
ため部分的にしかわからないもの
の、しかしそれでもかなり狭いこ
とは伝わる。四畳ほどの広さの部
屋に見える。そこにダンボール
や生活用品などが詰め込まれてお
り、人一人以上が横になることが
できそうもない広さだと推測しう
る。物が多くあるようにも見える
が、しかしそれは部屋の狭さゆえ
にそう見えるだけのように思われ
る。また別のシーンでは、裵奉奇
がいくつかの桶や薬缶に水を溜め
ている様子も見られる。水汲みを
毎日行うことが大変であること、

静止画1　裵奉奇の「家」の外部
　　　　　　　（『沖縄のハルモニ』から）

静止画2　裵奉奇の「家」の内部
　　　　　　　（『沖縄のハルモニ』から）

仮に台風などで水が汲めなくなった場合に備えてのことであろうが、それ
もまた部屋をさらに狭くし、かつ彼女が整備された上下水道からは隔絶し
た中で生活していたことを伝える。

　この二つの静止画だけを見ても、裵奉奇がどのような「家」で暮らして
いたのか、そして彼女がかなり厳しい環境での生活を強いられていたこと
がわかる。彼女の「家」の外と内の様子を確認した上で、以下「アコウク
ロウ幻視行」を論じていきたい。

4．異郷の地に現れる女性
── 崎山多美「アコウクロウ幻視行」で描かれる「慰安婦」

　沖縄を代表する作家・崎山多美の「アコウクロウ幻視行」は、あえて明
確に描かない形で元「慰安婦」を、すなわち裵奉奇をモデルに描いた作品
となっている。

　「アコウクロウ幻視行」が裵奉奇をモデルにしていると読める理由とし
ては、主要な登場人物である「あのヒト」の家の描写が挙げられる。「あ
のヒト」の街外れにある「家」は、「ひしゃげた屋根」「白茶けた板壁」
「大人一人がやっと入れる大きさの引き戸」のある「掘っ立て小屋」のよ
うな建物とされている（68–69頁）。またその中は「一軒の掘っ立て小屋を
仕切ったというような部屋」であり、「がらんとした一間」があり「外敵
から身を囲うためにあつらえた要塞あるいは隠れ家といったような、部屋
というより空洞」だとされている（69頁）。このような「家」の外側と内
側の描写は、前節の『沖縄のハルモニ』で見た裵奉奇の住まいと重なり合
うところがある。「上りがまちというのもなく、入り口から直に板間が続
いている」や「家具らしきものが幾つか、くすんで垂れ下がったカーテ
ン。卓袱台の上に細々としたモノモノ」（69頁）という記述もこのことを
支えていよう。もちろん完全な一致があるわけではなく、崎山もそうしよ
うとしていない。実際の出来事と作品での描写を重ねつつズラところが
崎山作品の特徴となるが、本作品にもそれが当てはまり、したがってな
おさら完全な一致を見ることは難しい。とはいえ家の描写だけを見ても、
『沖縄のハルモニ』の映像を「アコウクロウ幻視行」を読解するための鍵
と見なしてよく、そのための緩やかな重なり合いがあると仮定することは
できる。その仮定のもと崎山独自の他者としての「慰安婦」の描き方、そ
してその意味を検討していきたい。

　崎山多美『クジャ幻視行』は、「クジャ七部作」と呼ばれているように
七つの作品によって構成されている。「アコウクロウ幻視行」は、その
「クジャ七部作」の第三番目に当たる作品である。「クジャ七部作」の舞台
は、「クジャ」と呼ばれる「マチ」であるが、「アコウクロウ幻視行」の舞

台も「クジャ」という街の一角、昼は夜のように静かで、夜は昼のように
喧騒に満ちた「アコウクロウ街」と呼ばれる歓楽街である。

　「アコウクロウ幻視行」は要約を拒むところがあるが、作品の概要とし
ては、「アコウクロウ街」で生きながら一切言葉を発さない「あのヒト」
を少年の頃の「わたし」の記憶を通じて描くということになろう。以下、
老女である「あのヒト」について、その身体を中心に論じていきたい。

　作品は一方で、夜になると金切り声や喚き声、怒号、サイレンの音で充
満し、店の看板もうるさく感じられるほどごてごてと乱立し、路地からは
女たちのひそひそ話が、ときにけたたましい笑い声とともに運ばれてく
る、そのように街を描く。そのもう一方で、一切言葉を発さないまま異彩
を放つ「あのヒト」を作品の中心に持ってきており、喧騒と沈黙という対
立が作り出されている。

　しかしこの対立は単なる音の現れと不在ということではない。路地裏で
ひそひそ話をする女たちは、「あのヒト」についても噂話に花を咲かせる。

　　「あのヒトが夜な夜なこそこそ動き出すのを、うちは見たさ」
　　「それが何かモンダイあるねー、夜な夜なこそこそするのはこのマ
　　チの習いだが、それがウチらの職分だがよ」
　　「いや、あのヒトのこそこそはウチらとは違うね、特別ヘンなわけ
　　よ」(59頁)

　歓楽街の「ゆんたく」(おしゃべり)好きな女たちが話す「あのヒト」
と、この作品の中心的語り手である「わたし」が語る「あのヒト」が同一
人物だとは限らない。しかしそのような重なり合いとズレを伴いながら、
作品は「あのヒト」をぼんやりと立ち上げていく。その「あのヒト」に関
してこの会話の中で注目したいのは、「こそこそ」である。これには辞書
的な「人目につかないように行動する」という意味もあるが、しかし「特
別ヘン」が示すように、男女の逢瀬といった安易な推測を拒む「こそこ
そ」が示唆されている。というのも、安易な推測を困難にするほど「あ
のヒト」の沈黙は深く、それゆえその全てが秘密めいて理解を超えるから

こそ、逆説的に「こそこそ」は「あのヒト」の存在を雄弁に伝える言葉と
なっているからである。つまりこの「こそこそ」は、「人目につかせる」
ほどの「音量」を持っていると言うこともでき、その意味で辞書的意味を
超えてしまっている。要するに、騒々しい沈黙という矛盾した様態を「あ
のヒト」の存在が、とりわけ身体が帯びているのである。

　このことは「わたし」が「あのヒト」を実際に目撃したことを記す段に
至ると、よりはっきりとした姿を現す。先取りするならば声を、口からで
はなく、身体から発する女性として彼女は描かれる。

　　　数メートル先向こう、更地に積み上げられた材木だかガラクタだ
　　かが通りへ迫り出した手前、じわっと浮き上がった影があった。一
　　瞬それは、瞑想中の修行僧とか道端に放り出された塑像とかいうも
　　のを連想させる、影の塊だった。だが、それは女であった。距離を
　　おいた子供の眼にもそう若くないことが伝わる、丸みを帯びたヒト
　　が、座り立ちの姿勢で、つくねんと、通りを向いていたのだった。
　　〔……〕死魚を思わせる白眼。澱み切っている。表情というものが、な
　　い。〔……〕間近にしたとき、焦げ付くような湯気が、ぷんっと鼻をつ
　　いた。乾いた土の発する匂いのようだった。／土の匂いを放つ身体に
　　漲った不思議な静謐感。(61–62頁)

　読まれるとおりその者は、死んだ魚のような目をし、表情がなく、あた
かも塑像であるかのような「女」である。加えて「影の塊」だというの
は、表情もなく、声も発さず、街の喧騒や人々の動きに逆らうように身体
に「静謐感」を漲らせているからである。この「静謐感」は、先に述べた
存在感を雄弁に示す、騒々しい沈黙という様態の別名であるが、それが
「土の匂い」(のする身体)と結びついていることにも注意を払っておきた
い。彼女が何者であるかを示す小さなヒントの一つだからである。

　騒々しくもある「静謐」さ、すなわち身体の矛盾する様態は、「わたし」
が「あのヒト」に近づき、「あの」が「その」になるにつれさらに浮き上
がってくる。子どもの「わたし」は何となしに「そのヒト」に近づき、そ

160

のそばに屈み込む。そうしてじっとしていると、「そのヒト」の腰が揺れ「唄」が聴こえてくる。「わたし」が顔をのぞき込んでも口元は動いていない。また座り込むと、やはり腰が揺れ、「途切れつつ押し出される子守唄のような嘆きのアリアのような、唄」（63頁）が聴こえてくる。その「唄」は「ヨォーいヨォーい、ヨイヨイヨイ／ホォーいホォーい、ホイホイホイ／あーリィヨォーい、ヨイヨイヨイ」といったものである（63頁）。この作品が元「慰安婦」を描いているという前提で想像力をたくましくするならば、「あーリィヨォーい」は、朝鮮民謡の「アラーリィヨォー（아라리요）」に聴こえなくもない。だがここで確認しておきたいのは、その「唄」が「土くれの背中から漏れてくる呼びかけ」（63頁）のようとあるように、身体が声ならぬ声を発しているということである。つまりここでも騒がしいのは、口ではなく身体なのである。

　この沈黙しつつ騒々しい身体について作品はさらに少しずつ描き出す。「そのヒト」は夜が近づいてくるとやにわに立ち上がり、しかし体を回転させると同時に転倒してしまう。そのとき彼女の隣に座っていた「わたし」は、「目鼻をのしてしまうような強烈な異臭」（64頁）に襲われつつ、彼女のスカートにふわりと覆われる。

　　　目の前に広がったのは不思議な光景だった。海洋を背に孤島を抱いて浮き上がる白い砂浜。そこにごろんと横たわる二本の脱色されたすべすべの流木。目の前のそんな図柄を眺めた。そのヒトは下着の類を一切身に着けていなかったのだ。〔……〕故郷を偲んで泣く浜千鳥の足跡さえない。（64頁）

　大人になった「わたし」が持つ「あのヒト」の記憶は、「夕暮れの砂浜で、水辺にしゃがみこみ海の向こうを見つめるヒトの後ろ姿」（60頁）というものであるが、その記憶のはじまりは、幼い頃の「わたし」が見てしまった、この海辺のイメージと重ね合わされた彼女の下半身に由来する。引用にある「浜千鳥」は、故郷を想う旅人の心情を歌う琉球舞踊の代表的

演目でもある。しかしその「浜千鳥の足跡さえ」なく、自らの意思では動くことのできない「流木」のような足があるという風景は、海の先にある「故郷」、そしてこの街に来て留まらざるを得なかった歴史が「そのヒト」の身体を通じてわずかに開示されていることを示唆する。[2] ここに至ると、先に見た「土の匂」も、身体から発する音も、海の先の世界を暗示するものとして動員されており、また彼女の身体が湛える「不思議な静謐感」も異郷において沈黙を強いられ、にもかかわらず他文化的な「音」が滲んでいるためだということがわかる。つまり、身体の矛盾する様態は、アコウクロウ街に所属しえず、さりとて海の向こうにもいけないことに由来するのであり、その意味で彼女の身体は、はざまとしての海上にあるとも言える。

　ここまで分析を進めるならば、金在南においては越えていくものとしてあった海が、崎山多美においては身体と深く関連していることがわかる。ということは、海を越えてきた金在南の「私」が崎山の「そのヒト」と出会えたとしても、両者を隔てる海が横たわっているかもしれないのである。さらに言えば、「鳳仙花のうた」の「私」に取り憑いている他者かもしれない「そのヒト」においてさえ、その身体の内に超えがたい隔たりが抱え込まれているかもしれないのである。したがって「取り憑く」とは、取り憑かれる者と取り憑く者という単純な関係だけを指すわけではない。取り憑く側においても、自己の内部でズレを抱え込むことで、まさに自分自身が取り憑かれた状態になるためである。「あのヒト」が「影の塊」としてあるとは、隔たる自己と自己を示しているとも言える。その意味で崎山多美が描く「慰安婦」は、この自己と他者、自己と自己の間で生じるズレる身体、いわば分裂する身体を持つものである。

　この他者との、あるいは自分自身とのズレ、あるいは出会いの困難において不可視化された歴史が身体を通じて開示されていく様を、「アコウクロウ幻視行」の後半は分裂する身体をより具体的に描き出すことで示唆している。

2　身体を克明に描くことは新たな親密圏の創出とつながっているのでは、というコメントを津守陽氏よりいただいた。今後のテーマにしたい。記して感謝する。

　転倒した「そのヒト」は立ち上がると、「ぽと、ぽとぽと」と夜の帳が降りるアコウクロウ街を抜け、「自宅」へと向かう。「わたし」も「ストーカー」まがいに付いて行く（65頁）。家まで辿り着くと、許可を得ないまま「わたし」はその内側へと体を滑り込ませる。「そのヒト」は一切気にせず水浴びを始める。水浴びを終えると、身を引きずりながら「背中を反らすようにして、軽く顎を突き上げ、何かを仰ぐような表情」のまま部屋のなかを「無言劇」（73頁）のようにゆっくりと回り始める。

　　　子供ひとりを観客に密やかな舞踏を演じていた。ぐるーりぐるーりぐるーぐるーぐる、狭い空間で、顎を突き出し身を引きずるその繰り返しの動きは、観ている者をも演じている者をも、自己の内部の深みに巻き込んでいくようだった。（73頁）

　あたかも遠ざかる自分の背中を追いかけるように彼女は回り続けるが、「外の暗さと内の暗さが丁度溶け合」う頃になると、その「仄暗さに身を委ねるようにして」「そのヒト」は動きを止める（73頁）。続いて彼女は浴衣を脱ぎ、片足を立てて座り込み、「土くれ」のような状態になる。そして夜がさらに深まると、「そのヒト」の身体は「わたし」の視界から消え、「気配」だけが残される。まるで「影の塊」が夜と一体化し、闇そのものとなるかのように。つまりは身体の分裂を闇に持ち込むように。そして「そのヒト」がわずかに残す「気配」が、声ならぬ声のように、彼女の歴史的境遇を感覚を通してわずかに伝える。

　　　板戸の外でぽとぽとと闇は降りしきった。／〔……〕外部の闇が音を立てて侵入してくる。〔……〕静けさの澱みに沈む無防備に開かれた奇態な身体のぬめりが、うねうねと空洞の底を這い出す気配を子供の眼は感じ続けたのだった。（74頁）

　このぽとぽとと降りしきる闇、そしてぬめる身体は、この作品が「慰安婦」を描いていると読むとき、精液とそれにまみれた姿を想像させるもの

となる。またこれは、そのような「ぽとぽと」や「ぬめり」といった滴り
落ちる液体、湿り気に関わるわずかばかりの感覚的な言葉だけが、「その
ヒト」の歴史的境遇を微かに開示していることである。そうであれば「そ
のヒト」が棲む粗末な「小屋」は、「慰安所」と重ねられてもいると読む
こともできよう。

　他方、「そのヒト」が降りしきる闇の中から這い出そうとすることは、
昼と夜のはざま（アコウクロウ）の中で闇と一体化しつつ、しかし、分裂
を超えて自らの身体を生きられる場へ移ろうとする試みである。遠ざかる
身体を取り戻そうとするかのように。実際「あのヒト」は、「わたし」が
気を許したすきに「別空間へ瞬間移動」（74 頁）したかのようにいなくな
る。

　この「別空間」がどこにあるかは明示されていない。朝になればいつも
のように、「そのヒト」はアコウクロウ街で「影の塊」として再び現れる
かもしれない。だが「別空間」は、影が深まり、逆説的に影が影でなくな
るところ、すなわち「あのヒト」と彼女の遠ざかる身体が結びつく場所で
なかろうか。そこは朝鮮半島の故郷かもしれないし、しかし彼女が回復困
難な傷を負っているとすれば、特定の言葉や場所にとらわれない海のよう
な所と結びついているかもしれない。というのもそこは、彼女の境遇か
らすれば、ある場所とある場所（例えば朝鮮と沖縄）のはざまであり、逆
から言うと境界が取り払われているだろうからである。その意味で「別空
間」は本質的に複数である。

5．おわりに

　これまで見てきたように「鳳仙花のうた」では、男性の視線が基準にな
ることによって、コップニを「慰安婦」にされる以前と以後に、すなわち
美と穢れに振り分けていた。しかしコップニは忘却し得ない記憶と化すこ
とによって、主人公の「私」に取り憑き、彼女に向けられる視線を揺るが
していた。そのことが「私」を沖縄に向かわせる動機にもなっていた。

　他方「アコウクロウ幻視行」では、元「慰安婦」と思しき「あのヒト」
は、沈黙したまま、しかし騒々しい身体を持つ女性として描かれていた。

その沈黙と騒々しさは、海を越えて他郷にたどり着いたことに由来するものであった。しかし自らは海を越えられない状態にあることが、自分から自分が離れていく事態を生んでいた。

「アコウクロウ幻視行」と「鳳仙花のうた」は、一方で遠ざかる者とそれを探し求める者といった形で連動しはする。しかしそれらは、沖縄に向かい探し求めていた人が見つかった、という単純な関係にはない。上で論じたように両者の間には海があり、それが身体にも関わり合っているとき、両者を隔てる海はなおさら越えがたいものとしてあるからである。そのため仮に金在南の「私」が沖縄で「コップニ」を見つけ出したとしても、以前と同じであることが不可能な彼女と対面せざるを得ない。

もちろんこれは悲劇であろう。しかし崎山の「あのヒト」は、遠ざかる身体（歴史）をわずかに開示しており、その小さな手がかりをもとに彼女の人生を「翻訳」していく可能性を少しだけ開いている。もちろんこの可能性の開けにおいては、「あのヒト」が金在南の「私」と遭遇したとき、彼女自身が失われた自分の過去を思い起こしてしまう可能性も潜んでいる。そのとき「あのヒト」も、残酷なことであるが、今の自分と過去の自分の気が遠のくほどの隔たりを見つめることになるかもしれない。しかしこのわずかな可能性に私たちが気づくこと、そこを直視していくことは、「あのヒト」を自分たちの側に安易に組み込むこと、移動先の地域に所属させてしまうことを退けながら、韓国からやってきた「私」の視線だけでなく、また読者である私たちの価値基準を問い直し、歴史を浮上させる契機にはなろう。このことは「原文」と「翻訳」が渾然一体となった者を翻訳し直す試みだといってもいいかもしれない。そしてここに記憶と身体を出会わせる意義もあろう。

いずれにせよ国家による暴力を問う文学同士の、そしてそのような文学と私たちの結びつきは、わずかなしるしに気づけるかという出会いの困難さの中で形成されていくのではないだろうか。考えてみれば崎山多美、金在南だけでなく、目取真俊、又吉栄喜、金時鐘、金石範などは、植民地や米軍支配による暴力によって生じた遠ざかる記憶、遠ざかる人々をそれぞれのやり方で作品に刻みつけようとした文学者であった。東アジア文学史

というものがあるとすれば、それは 19 〜 20 世紀の暴力が生んだ遠ざか
る記憶、遠ざかる身体を摑もうとする困難な試みによって各文学を出会わ
せ、それぞれの記憶や身体を結びつけるときに書かれうるかもしれない。
本章で試みたのは、そのような「東アジア文学史」のための小さな試みで
ある。

第**8**章 東アジアにおけるレズビアン・
フェミニズムの運動・理論・文学
——その歴史と経験の共有は可能か？

橋本　恭子

1．はじめに

　第15回台湾プライドパレードを翌日に控えた2017年10月27日、台北市の真光福音教会で「東アジアのLGBT運動と保守勢力」（東亞同志運動與保守勢力工作坊）と題した台湾・日本・韓国の合同ワークショップが開催された。現在、東アジア各国で同性婚やジェンダー平等教育への対抗勢力が、アメリカのプロテスタント教会を通じて国際連帯を積極的に進めているため、LGBT運動の側でもそれ以上に国際交流を図り、結束していこうとの趣旨であった。参加者の発表を聞いていると、日台韓は中国や北朝鮮との関係から様々な方面でアメリカ依存を余儀なくされ、それが多かれ少なかれLGBT運動にも負の影響を与えているように見えた。一方、セクシュアリティ研究やジェンダー研究をリードするのもまたアメリカであり、日台韓では活動家も研究者も追いかけているのはアメリカの最新の動向である。ということは、私たちは結局、LGBTをめぐるアメリカ国内の両極的な動きを東アジア各地で縮小再生産しているにすぎないのだろうか。どちらの側に与するにしても、私たちは自分たちのセクシュアリティやジェンダーについて、欧米を頂点とする直線的進歩史観の中でしか思考できないのだろうか。

　だが、変化が現れているのも確かだ。翌年の夏に台湾を再び訪れたとき、私は複数の女性の友人から異口同音に「今、話題沸騰している」という小説を紹介された。趙南住『82年生的金知英』、つまりチョ・ナムジュ

『82年生まれ、キム・ジヨン』である[1]。そのときはまさか数か月後に日本
でも熱狂的なブームが起こるとは思っていなかったのだが、同書を契機に
日本では韓国のフェミニズム文学に注目が集まり、優れた作品が続々と刊
行されるようになった。それはもちろん日本だけの現象ではなく、文学の
「韓流ブーム」は今や東アジア全体に及び、海を越えて女性たちを結びつ
ける原動力になっている。

　さらに現在は、「フェミニズム文学と並んで韓国文学をリードしている
のが性的マイノリティを描いたクィア文学」[2]だという通り、姜英淑（カンヨンスク）『ラ
イティングクラブ』（2017年）やチョン・ソヨン『となりのヨンヒさん』
（2019年）、チェ・ウニョン『わたしに無害な人』（2020年）など、多様な
性のあり方を描く文学も紹介されるようになった。中でも、キム・ヘジン
『娘について』（2018年）はフェミニズムとクィアを結ぶ優れた作品であ
る。物語は、レズビアンのひとり娘を受け入れられない母親の独白によっ
て進むのだが、そこに、高学歴ワーキングプアの問題や老い、介護、孤
独、死のテーマが重なり、世代や価値観、セクシュアリティを異にする女
性たちの間に連帯感が生まれ、静かな感動を呼び起こす。

　一方、1990年代以降、台湾の文学界で大きな潮流を形成してきた性的
マイノリティの文学は、早くも2008年にシリーズ化されて日本で翻訳・
刊行されており[3]、その後も途切れることなく新しい作品が紹介されてい
る。近年では、日本在住の台湾人作家・李琴峰（りことみ）が日本語でレズビアンやト
ランスジェンダーをテーマにした作品を精力的に発表し、二作目の単行本
『五つ数えれば三日月が』（2019年）は芥川賞候補にもなった。

　今後、「フェミニズム」と「女性同性愛」のテーマは、翻訳を通して東
アジア（日台韓だけでなく、中国や香港も含め）に生きる女性たちの距離を

1　原作は韓国で2016年10月に上梓された。台湾版（尹嘉玄訳、漫遊者文化）は2018年5
　月に初版3800部が出版され、即3刷となった。5月の母の日を前に香港からも大量の受注が
　あったという（Web版『天下雑誌』2019年3月17日）。日本版（斎藤真理子訳、筑摩書房）
　の出版は2018年12月。
2　「クィア文学」（『文藝』「秋2019年、特集　韓国・フェミニズム・日本」河出書房新社、
　2019年、184頁）。
3　2008年から2009年にかけて、作品社から「台湾セクシュアルマイノリティ文学」シリー
　ズとして、小説3巻と評論集1巻が出ている。

縮め、連帯感を育んでくれるのではないだろうか。だとしたら、女性た
ち、特にレズビアン・フェミニストが歩んできた歴史と蓄積してきた経験
を越境的な対話を通して共有することはできないだろうか。なぜレズビア
ン・フェミニストかというと、レズビアンは異性愛女性と同様、家父長制
と闘い、さらに異性規範とも闘うことでフェミニズムの思想を進化させて
きたからだ。加えて、アジアのレズビアン・フェミニストの場合、欧米と
は異なる伝統社会の厳しさにも直面したはずである。だからこそ、アジア
各地で起きたレズビアン・フェミニズムの運動やそれを牽引した理論、文
学作品を互いに学ぶ必要性を感じるのである。それは、アジアに生きる私
たちの相互理解を深めると同時に、欧米からの影響を排除するのではな
く、むしろ欧米からの学びを批判的に深化させながら、欧米を頂点とする
世界秩序を緩やかに解体する試みにもなるはずだ。

　その第一歩として、本章で明らかにしたいのは、1990 年代の台湾にお
けるレズビアン・フェミニズムの発展のプロセスと、そこに導入された欧
米の理論、さらに台湾固有の歴史的文脈から生まれた文学作品との関わり
である。90 年代に絞るのは、それが 1987 年に戒厳令が解除されて間もな
くの、民主化が到来した時期であり、「同志運動」と呼ばれる LGBT 運動
が本格的にスタートした時期だからである。韓国でも 1987 年に民主化宣
言がなされ、90 年代に「女性作家の時代」がやってきたと言われるため、
比較考察の材料として提供してみたい。

　大きなテーマであるため、ここでは簡単なアウトラインしか示せない
が、比較文学・比較文化研究に足場を置く者として、今後、東アジアでこ
のような問題意識を共有していくためのたたき台としたい。

2.「同志」という言い換え、「酷児」という翻訳

　本論に入る前に、ここで台湾の性的マイノリティを語る上でのキーワー

4　台湾では、「レズビアンの多くはフェミニストであり、フェミニスト組織に身を投じたの
も多くはレズビアン」であると言われている。桑梓蘭／王晴鋒訳『浮現中的女同性戀――
現代中國的女同性愛欲』臺大出版中心、2014 年、256 頁。
5　斎藤真理子「物語の中の『他者』と『隣人』――「匂い」で読む韓国女性文学小史」(『文
藝』前掲書、2019 年、202 頁)。

ド、「同志」と「酷児」について簡単に説明しておく。

　もともと政治方面で「志を同じくする人」を意味する「同志」が「同(トン)
性恋(シンリェン)」（同性愛）のポジティブな言い換えとして登場したのは、1989 年の
「香港同志映画祭」である。「同性恋」にはネガティブなイメージが付与さ
れていたが、「同志」には自らのセクシュアリティを主体的に認識し、そ
れを社会変革に結びつけるような政治性も含まれており、後に LGBT 運
動は「同志運動」と呼ばれるようになった[6]。

　その過程で、「同志」はレズビアンやゲイのみならず、バイセクシュア
ル、トランスジェンダー、インターセックスなど細分化されたセクシュア
リティのカテゴリーを「集約」する語として使われるようになるのだが、
それは英語圏で「クィア（queer）」が担った役割と重なる。「クィア」は、
「非異性愛者による『連帯性』（の必要性）を象徴化[7]」していると言われる
が、中国語圏において、現在、「同志」はまさにストレートアライ（直同
志）まで含めた「連帯性」の象徴となっている。それと同時に、「革命い
まだならず、同志なおすべからく努力すべし」という孫文の遺言が同志運
動の中で度々召喚されることからもわかるように、「同志」は近代中国の
社会変革の文脈にも連なっている。つまり、レズビアンやゲイ、トラン
スジェンダーなど細分化されたカテゴリーは欧米由来であったとしても、
「同志」という語を媒介にすれば、性的マイノリティの運動は社会変革の
集団的記憶という歴史的縦軸にも位置付けることができるのだ。加えて、
原住民族の自治運動や移民労働者の運動など他の社会運動、つまり横軸の
連帯も可能になる。実際、台湾の性的マイノリティの運動は「連帯の政
治」として本質論や隔離主義による「ゲットー化（ghettoization）」に陥る
ことなく[8]、大衆動員に成功して大きく発展してきた。そこに「同志」とい
う語の貢献があったことは間違いない[9]。

6　「同志」と「酷児」の定義については、紀大偉『同志文学史——台湾的発明』（台北：聯經、
2017 年）「第 1 章緒論」に詳しい。
7　河口和也『クイア・スタディーズ』岩波書店、2003 年、iv 頁。
8　桑梓蘭著／王晴鋒訳『浮現中的女同性戀——現代中國的女同性愛欲』前掲書、274 頁。
9　オープンリーゲイの作家・阮慶岳は 2017 年 8 月 29 日、台北にて筆者のインタビューに答
え、「台湾で性的マイノリティの運動がうまく育ったのは、『同志』という言葉がよかったか
らだと思う。ニュートラルなので、誰にも受け入れられた」と述べている。

　一方、「クィア」が台湾に導入されたのは、「同志」の登場に遅れること約5年後の1994年1月、雑誌『島嶼邊緣』（第10号）の「酷児」特集号であった。「クィア」はもともと「変態」あるいは「オカマ」を侮蔑的に指し示す言葉であったが、英語圏のレズビアンやゲイは、それをあえて自称として引き受けることで、「クィア」に込められた否定的な意味合いやニュアンスを肯定的なものに転換していく。河口和也によると、「クィア」は「意味転換や再獲得の文脈で90年代以降使われるようになった」というが、「同志」がこの「意味転換」や「再獲得」の役割をすでに果たしていた台湾では、「クィア」はどのように翻訳され、定義されたのだろう。当初は「怪胎」（奇形胎児の意）という訳語が当てられ、その後「酷児」に落ち着くのだが、中国語の「酷」にはもともと「残虐だ、むごい」「ひどい、激しい」の他に、英語"cool"の音訳として「個性的でカッコいい」という意味がある。それゆえ、三須祐介は「酷児」について、「文字（漢字）とクィア／酷児な視点で戯れ、それを読みかえ再定義するという行為は、中華的伝統文化規範と対峙しようとする新しいスタイルを提示したといえるかもしれない」と述べている。

　だが、「酷児」の批評性は「中華的伝統文化規範」のみならず、外来の「ゲイ・イデオロギー」にも向けられていた。『島嶼邊緣』の「小小酷児百科」という用語集では、「ゲイ」と「酷児」が対比的に説明されているが、ここで言われる「ゲイ」は「男女同性愛者」を意味し、「同志」の概念に近いかもしれない。彼ら・彼女らは「中産階級意識が濃厚で、法を守り、社会にも貢献し（社会から排除されないように）、異性愛者が勝手に定めた宗教／法律／儀礼／イデオロギーを尊重する」という。一方、「酷児」は「社会の生ぬるさに決して与せず」「異性愛者に媚を売ろうとはしない」。「ゲイ」が「地に足のついた市民」であるなら、「酷児」は「あてどない放浪者」なのだ。

　このような「酷児」の定義には、同性愛者が良き市民として異性愛社会

10　河口和也『クイア・スタディーズ』前掲書、54頁。
11　三須祐介「台湾におけるクィア／酷児と文学」（中国文芸研究会『野草』第84号、2009年、79頁）。
12　紅水鮮、紀小尾、蛋糖媜「小小酷児百科」（『島嶼邊緣』第10号、前掲書、1994年、63-64頁）。

に包摂され、主流化していくことへの抵抗が鮮明に見てとれるが、それは、日本で 2010 年前後からよく耳にするようになった「新しいホモノーマティヴィティ」批判を彷彿とさせる。「新しいホモノーマティヴィティ」とは、「既存のヘテロノーマティヴ（異性愛規範的）な体制に文句を言わず、よき消費者として市場で存在感を示すことでその体制に認められようとする同性愛者のあり方」を指し、この方法が成功すると、ヘテロノーマティヴな体制は解体されるのではなくむしろ補完され、より強固になると言われている[13]。台湾では 1990 年代半ば、すでにこのような事態を見越した上で、「酷児」を定義したのは確かであろう。というのは、クィア概念の導入に関わった紀大偉が、アメリカに学ぶことは差し支えないとしつつ、アメリカの高度に資本主義化された LGBT 空間の経済至上主義に早くから警鐘を鳴らしていたからだ[14]。

　アメリカ留学中に理論と現実の矛盾を感じたという紀大偉は、アメリカのクィア理論を無批判に受容するのではなく、台湾社会の文脈に沿った在地化を試みたのであろう。彼は別のところで、英米社会と台湾の文化的コンテクストが異なる以上、「クィア」という語をそのまま育てることはできず、翻訳するとしても、オリジナルとは異なり、台湾独自の色彩を帯びてハイブリッド化した「雑種」になるだろうと述べていた[15]。こうして、「酷児」には中華的伝統文化規範への抵抗と同時に、主流社会に包摂され、新自由主義にも迎合しかねない「同志」への批評性が付与されたと思われる[16]。

　こうした姿勢は、東アジアで欧米の理論や概念を受容する際に参考にな

13　森山至貴『LGBT を読みとく――クィア・スタディーズ入門』ちくま新書、2017 年、131–155 頁。もともとは Lisa Duggan が *The Twilight of equality?: Neoliberalism, Cultural Politics, and the Attack on Democracy* (Bacon Press, 2003) で提起した概念。

14　紀大偉「『来来来、来台大；去去去、去美国』？――同志運動与金童玉女」（荘慧秋主編『揚起彩虹旗――我的同志運動經驗』前掲書、204 頁）。

15　紀大偉主編『酷児啓示録：台灣當代 Queer 論述讀本』台北：元尊文化、1997 年、10–11 頁。

16　こうした姿勢は現在まで受け継がれ、紀大偉とともに台湾の酷児ムーブメントを牽引してきた洪凌は「同志」が「結婚し、家庭を持ち、時には養子を取って『家族』を作ることで、国家の一員として組み込まれていく姿勢」を示しているという。垂水千恵「すでに周縁ではない？ 台湾 LGBTQ 文学」（『すばる』集英社、2016 年 8 月号、110 頁）参照。

るはずだ。日本では「LGBT」であれ、「クィア」であれ、翻訳を介さず、英語をそのまま流用しているわけだが、そこにどれほどの批評性が込められているかは不明である。

3．1990 年代の台湾におけるレズビアン・フェミニズムの運動

　台湾で同志運動が本格的に始まるのは 1990 年のことである[17]。この年、女性同性愛者の団体「我們之間」（私たちの間）が誕生し、ここから同志運動がスタートするのだが、日本ではレズビアンのグループがミニコミ誌『すばらしい女たち』を発行したのが 1976 年 1 月であったことを考えると、決して早いとはいえない[18]。

　もちろん、それ以前の台湾にもレズビアンは存在していたが、女たちの関係は、華人文化の「姉妹伴」（シスターフッド）の暗黙の了解の中で見過ごされてきた。ところが、1987 年に戒厳令が解除される前後から、長い間抑圧されてきた社会的パワーが炸裂し、女性運動や労働運動、学生運動、農民運動など様々な社会運動が生まれ、やがて女性運動から分岐する形で、レズビアンの運動が起こるのである。

　女性運動は、1982 年、「婦女新知」（フーニューシンチー）（1987 年に婦女新知基金会に改称）という団体が雑誌社を創設し、月刊誌『婦女新知』を刊行する形で始まった。その中から、1989 年に若いフェミニストの読書会「歪角度」が誕生する[19]。メンバーは、女子大生、英米留学経験のあるフェミニスト、婦女新

17　以下、台湾のレズビアン運動史については、荘慧秋主編『揚起彩虹旗——我的同志運動經驗』心霊工房、2002 年、および顧燕翎主編『女性主義理論與流變』貓頭鷹出版、2019 年の第 7 章「突破異性戀機制的壟斷——女同士理論」（張小虹、鄭美里）を参照した。

18　杉浦郁子によると、レズビアンによる最初の集合的な活動は、1971 年に発足したレズビアン・サークル「若草の会」（東京）だが、それはあくまで出会いを目的とした活動であったという。一方、1970 年代後半に三つのミニコミ誌『レズビアンの女たちから全ての女たちにおくる雑誌 すばらしい女たち』（1976 年 11 月創刊）、『ザ・ダイク』（1978 年 4 月創刊）、『ひかりぐるま』（1978 年 4 月創刊）は、「ウーマン・リヴ」「女の運動」と接点のあった女性たちによる活動であった。杉浦郁子「日本におけるレズビアン・フェミニズムの活動——1970 年代後半の黎明期における」（『ジェンダー研究』第 11 号、2008 年、143–170 頁）。

19　魚玄「従運動團體到成長之路」（荘慧秋主編『揚起彩虹旗——我的同志運動經驗』前掲書、16–25 頁）。古明君「我的同志運動史前史」（同上書、26–32 頁）。

知のボランティア、さらにアメリカ人研究者らで、1960 年代アメリカの
フェミニズムの文献（例えば、オードレ・ロード［Audre Lorde］）や、『ノー
マ・レイ』などの映画を対象にディスカッションが行われたという。「歪
角度」は設立当初から同志フレンドリーな組織だったが、しばらくする
と、理論の側面からしか女性の欲望を語れない点に不満を覚えたメンバー
がレズビアン団体「我們之間」を組織し、1990 年 2 月 23 日に集会を行っ
た。これが、台湾における同志運動の記念すべき第一歩となる。

　一方、大学や高専のフェミニズム・サークルが交流する中で、1990 年
にシスターズ・キャンプ（フェミニズムを議論する合宿）が生まれ、レズビ
アン・フレンドリーな雰囲気が醸成されていった。また、大学や高専にレ
ズビアン・サークルが誕生する以前は、フェミニズムの授業がレズビアン
学生のアイデンティティ承認の場、あるいはネットワークを育てる場に
なっていたという。

　例えば、1993 年にレズビアン向けの雑誌『愛福好自在報』（略称『愛報』）
が創刊されるが、主要メンバーは、台湾大学で張 小 虹の講義を受けてい
た学生たちであった。張はアメリカ留学中にレズビアン教員によるレズビ
アン理論やフェミニズム文学の授業を通して最先端の理論や知識に魅了さ
れ、帰台後、フェミニズムやジェンダーの講座を開き、欧米の理論と台湾の
運動、異性愛と同性愛の間を架橋し、後の同志運動に多大な影響を与えた。

　話を『愛報』に戻すと、この雑誌が注目を浴びたのは「性」を論じた点
にあると言われている。多くの画像を使用して女性の身体や欲望をうまく
視覚化し、今見てもデザインやレイアウトはセンスがよく、斬新さは失わ
れていない。若い学生たちがそれまで抑圧してきた心の声を勇敢に言語化
した情熱も古びていない。さらに、洋の東西を取り混ぜた通俗文化とポッ
プカルチャーは、『愛報』のレズビアン・アイデンティティ政治の素材と
なり、第 2 号の「特集　台湾レズビアンの歴史」では「黄梅調」と呼ば
れる通俗映画や大衆オペラ「歌仔戯」も台湾レズビアン史の一環として紹
介された。台湾屈指の同志団体でさえクローゼットの中にいた当時、『愛
報』はレズビアンの欲望文化政治を積極的に展開していく。

　この『愛報』が誕生した 1993 年には前衛的な人文系学術雑誌『島嶼邊

緣』も創刊され、同年 10 月発行の第 9 号ではレズビアン団体と初のコラ
ボレーションで「女人国／家認同」の特集が組まれ、フェミニズムとレ
ズビアニズムの角度から女性と国家／家庭の問題に切り込んだ。この号
には、フランスのレズビアン・フェミニスト、モニック・ウィティッグ
（Monique Wittig）の論文が 2 本訳出されている。続いて、1994 年 1 月の第
10 号で「酷児」特集が組まれたことは、前述の通りである。一方、1995
年 2 月から 12 月にかけて、『婦女新知』ではフェミニズム運動における
ホモフォビアが問題となり、フェミニストとレズビアンの共闘を巡って議
論が繰り広げられた（詳細は後述する）。

　1993 年に話を戻すと、この年、台湾大学にゲイ学生のサークル Gay
Chat が誕生し、翌年にはレズビアン学生のサークル浪達社（Lambda）も
結成された。以後、大学では同志サークルが雨後の筍のように誕生し、
96 年には南部初のインカレ同志サークル「同盟会」が、北部ではインカ
レのレズビアンサークル「北区大専院女同志社団連盟（NULA）」が結成
される。同志学生の卒業後の受け皿として社会人の団体も生まれるが、交
際目的のサークルから社会運動団体、宗教的組織まで様々であった。

　ただ、他のマイノリティ団体の権利獲得運動と比べ、同志運動には「カ
ミングアウト」のプレッシャーという固有の限界があり、気軽にメディア
との接触ができず、街頭デモも難しかったという。一方、同志運動には高
等教育を受けた中産階級の大学院生や大学生が多く、彼ら彼女らは文章を
書いて発表、出版したり、TV・ラジオでの発信やメディア戦略、ネット
利用などには長けていた。

　1994 年 4 月には、婦女新知のメンバーらが台湾大学付近に女性書の専
門店「女書店」をオープンする。ここができたことで、それまで自らのセ
クシュアリティを曖昧にしていたレズビアンたちが覚醒し、一人また一人
とここに集い、女書店はレズビアンにとって一つの家庭のような場になっ
た。[20]

　1994 年 10 月 5 日には「我們之間」の会報を母体とした隔月刊誌『女朋

---

[20]　鮮芋玲「女書店、和他的女同志姊妹」（『揚起彩虹旗──我的同志運動經驗』前掲書、230–236 頁）。

友』が創刊され、2003 年 4 月に停刊されるまで 35 期続いた。編集を担当
したのは全て無給のボランティアで、彼女らの出自が社会の各階層にわ
たっていたため、編集方針は理論より生活を重視し、草の根的な色合いの
誌面になった。フィールド調査や座談会、インタビューによって、レズビ
アンの多様な生き方や生活の様子が記録され、時事的な話題も積極的に取
り上げて、レズビアンの視点から分析や解釈が加えられた。発行部数は約
1500 部で、誠品書店や唐山書店、女書店で販売されたという。

　1995 年 8 月には、「アジア系レズビアンネットワーク（Asian Lesbian
Network）」（通称 ALN）の第 3 回大会が台北で開催されるが、これは 1993
年に日本で開催された第 2 回大会に台湾から 2 名が参加した結果であり、
帰国後、大会準備のための団体「ALN-台湾」が組織された。人前に出ら
れるレズビアンが少ない中で準備を進めるのは困難もあったが、女書店
や、1994 年 9 月に誠品書店が開催した「女女男男文化活動」、同志フレン
ドリーなレストラン LOCOMOTION、唐山書店などの協力もあり、大会
は成功裏に幕を閉じた。[21]

　1995 年 10 月には、国立中央大学に「性／別研究所」が開設され、以
後、台湾におけるジェンダーやセクシュアリティ研究をリードしていく。
翌年、同研究所が主催した第一回「四性研究討論会」には、クィア理論
を含む同性愛文化および運動に関する論文が多数寄せられ、その後も計 6
回開催された研究討論会は同性愛研究の学術的空気を大きく広げることに
貢献した。[22]

　1990 年代半ば以降は「レズビアンの主体」も多様になり、異なるジェ
ンダー、階級、年齢をカバーするまでになったが、インターネットの登場
によってレズビアン運動の光景には多大な変化が生じた。BBS や HP を
利用することで、それまで都市部に集中していた運動は地方にまで拡大
し、学生と社会人、あるいは階級間の格差が縮小される一方、ネットの発
達は、「我們之間」や『女朋友』雑誌を衰退させ、人々は公共のテーマよ

21　Viora & Rebecca 著／ Grace 訳「ALV-台灣的國際交流經驗」（同上書、33–42 頁）。
22　白水紀子「解説」（白水紀子編『新郎 "新夫"』台湾セクシュアルマイノリティ文学［3］、
作品社、2009 年、281 頁）。

り、個人的な交流に関心を向けるようになった。

　1998 年 6 月、あらゆるセクシュアリティをカバーする全島的な同志支援組織「台湾同志諮詢熱線協會」（ホットライン協会）が誕生し、レズビアン担当の部署も設けられた。2000 年代以降は、カミングアウトがタブーではなくなり、地下組織は地上化に向かう。

　以上、1990 年代のレズビアン・フェミニズムの流れを概観してきたが、この 10 年で明らかになったのは、①大小のレズビアン団体が組織され、②大学や大学院ではジェンダーやセクシュアリティの教育と研究が展開され、③専門書店が設立されて雑誌や関連書籍の出版も相次いだ、ということである。三つの分野のネットワークは人々の交流を促し、ここでは紹介できなかったものの、レズビアン運動はゲイ団体ともジェンダーの垣根を超えて共同戦線を形成したことで、急速な成長を遂げることができた。

　これだけを見ると、インターネットが十分発達していなかった時代にこれほどの成果を挙げえたことは快挙といえるだろう。だが、運動の内部に一歩踏み込むと複雑な事情が見えてくる。

4．欧米の理論と台湾の現実

　台湾で同志運動と並行して同志研究が始まると、参照されたのは欧米、特にクィア研究の本場、アメリカの事例や文献であった。

　周知の通り、アメリカでは 1969 年 6 月に起きたストーンウォール事件[23]を契機として、70 年代に本格的なゲイ／レズビアン・ムーブメントがスタートし、新たな理論や概念が次々と生まれて全世界に波及していった。台湾にアメリカの理論が翻訳・紹介されるのは 90 年代半ばのことである。

　早い順にいうと、フランス人で後にアメリカに渡ったレズビアン・フェミニスト、モニック・ウィティッグの「異性愛思考（The Straight Mind）」、および「ジェンダー：1976 /1982（The Category）」が、いずれも 1993 年 10 月、『島嶼邊緣』の「女人国／家認同」特集号に掲載され、次に、アメ

23　1969 年 6 月 28 日、グリニッジ・ヴィレッジにあるゲイバー「ストーンウォール・イン」にニューヨーク市警が手入れを行ったことを発端に、客たちがバー内部に立てこもって警察に応戦した事件。河口和也『クイア・スタディーズ』前掲書、16–17 頁。

リカのレズビアン・フェミニストによるマニフェスト「女と一体化する女
(The Woman-Identified Woman)」が『婦女新知』の 1995 年 7 月号に、翌月
もまた『婦女新知』にアメリカのレズビアン・フェミニスト、オードレ・
ロードの「性的欲望の利用（The Use of the Erotic)」が掲載された。その後、
張小虹が論考「女同志理論：性／別與性慾取向」（顧燕翎編『女性主義読本』
女書店、1996 年）で、アメリカにおけるレズビアン・フェミニズムの流れ
と代表的な論客を紹介する。[24]

　張の論考によると、アメリカのレズビアン運動は 1970 年代に第二波
フェミニズム運動の中から派生し、「男／女」二元論に基づく分離主義を
標榜したが、80 年代半ばのエイズ危機以降、ゲイ解放運動とも共闘し、
90 年代には「クィア」概念の登場により、男／女、異性愛／同性愛の二
項対立も解消してより広範な仲間を結集させて拡大したという。

　続いて、張小虹は代表的な論客 5 名（アドリエンヌ・リッチ、オードレ・
ロード、モニック・ウィティッグ、ゲイル・ルービン、ジュディス・バトラー）
の思想を紹介する。そのうち、現在、最も広範な影響力を持つバトラー
（Judith Butler）は、当時は論考が訳出されていなかったこともあり、張小
虹や後で触れる劉亮雅のような英米文学者を除き、フェミニズム／レズ
ビアン運動の中で言及されることは稀であった。では、どのような論考
が、どのようなタイミングで訳出・紹介されたのだろう。以下では特に、
『婦女新知』との関係で見ていく。

　実は、張小虹がアメリカの事情と 5 名の論客を紹介したこの論考には、
続きがあり、最終部分で台湾のレズビアン運動の状況に触れていた。張
はここで、1990 年 2 月に「我們之間」が成立して以来、台湾のレズビア
ン運動は日の出の勢いで成長していると述べた後、最終段落で言葉少な
に「台湾のレズビアン運動は異性愛女性を前提とした女性運動との間に緊
張と対話を生んだ」と記していた。気になるのはこの部分である。一体、
「緊張」とは何か。「対話」とは何なのか。

　実は、台湾の女性運動の内部には同性愛（者）への違和感がくすぶって

24　引用は張小虹『慾望新地圖　性別　同志學』台北：聯合文學、1996 年、134–157 頁を使用
した。

おり、1980 年代から女性運動をリードし、レズビアンの運動にも理解を
示してきた団体・婦女新知でさえ例外ではなかったのだ。そこで、1995
年 2 月、『女朋友』の編集者・魚玄阿璣が『女朋友』と『婦女新知』に同
時に批判的な文章を投稿し、それを発端として、『婦女新知』誌上で議論
が沸騰するのである。[25]

　背景には、当時、婦女新知をはじめとする女性団体が進めていた民法改
正の問題があった。魚玄阿璣によると、民法改正案は異性愛システムの中
でしか考慮されておらず、同性愛者の権益を排除しているという。だが、
異性愛システムは欧米の 70 年代フェミニズムによって、女性を抑圧する
根本的な要因としてすでに批判されており、反対に女性解放の活路として
希望を託されたのが同性愛であった。一方、台湾の場合、比較的ラディカ
ルなフェミニズム運動でさえ、既成の家族制度を揺るがすようなことは
なく、あくまで異性愛システムの内部で「両性の平等」を求めるに留まっ
ていたのである。前年にゲイの祁家威氏が同性との婚姻登記を申請した
際、婦女新知も異性愛者の立場に立って、彼への支持は控えたという。[26]そ
れゆえ魚玄阿璣の論調は終始厳しいものであった。

　これを受けて、『婦女新知』は 7 月号でフェミニズムとレズビアンの特
集を組み、「内爆女性主義」（内紛するフェミニズム）と呼ばれる議論は 12
月号まで継続し、座談会や論文を通して、台湾の女性運動に蔓延するヘテ
ロセクシズムとレズビアン・フォビアが明るみに出された。女性運動には
レズビアンが大量に参加しているものの、彼女たちはクローゼットから出
られず、同性婚や職場における差別など、レズビアンが抱える問題は放置
されてきたという。[27]

　当時、婦女新知基金会は 300 人の会員を擁し、ボランティアの大半は
主婦であり、しかも婚姻生活への満足度が高く、だからこそ社会公益活動
に参加するというような女性たちであった。当然彼女らに異性愛システム
の問題を説くことは難しく、魚玄阿璣に言わせると、同じフェミニストで

25　桑梓蘭著／王晴鋒訳『浮現中的女同性戀──現代中國的女同性愛欲』前掲書、262–275 頁。
26　魚玄阿璣「結婚權與不結婚權」（『婦女新知』第 153 号、1995 年 2 月号、13–14 頁）。
27　「女同士婦運 comme out? 座談」（『婦女新知』第 161 号、1995 年 10 月号、9–15 頁）。

あれ、異性愛女性と同性愛女性の間で理論の理解と実践の落差は年々広がるばかりであったという[28]。

　だが、婦女新知に集うフェミニストはこの一連の特集を通して、異性愛女性を前提とした女性運動の限界を認識するに至る。それは、これまで目標としてきたのが、あくまで異性愛制度内における男女平等であり、「性の階層化」という問題を見逃してきたという事実だ。「性の階層化」とは、一夫一婦制の生殖を目的とした性を最上層とし、その他、婚姻外の性や同性愛を下層に分類するもので、アメリカの文化人類学者でレズビアン・フェミニストのゲイル・ルービン（Gayle Rubin）が唱えた理論である[29]。

　婦女新知は運動の盲点を認めた上で自己批判し、さらに一連の議論を通して、異性愛女性が同志運動に関わる際の立ち位置や注意すべき点が慎重に模索された。異性愛女性も同志運動を支持して差し支えないが、注意すべきは、同志運動の主体はあくまで当事者であり、異性愛者はあくまで援護射撃の立場に止まるべきだという点が、繰り返し確認される。

　だが、魚玄阿璣は 10 月号に改めて投稿した文章で理論を学ぶだけでなく、同性愛行為を実践した途端「同性愛という強大なスティグマが私の逃れられない運命となり、フェミニズムと西洋の同志理論はせいぜい私を溺死から救うことしかできなかった」と苦衷を述べ、最後に「私はもちろん女性運動とレズビアン運動が手を取って歩んでいくことを望んでいるが、はっきりしているのは、手を繋ぐ前に各自の課題に取り組むべきであり、現段階のレズビアン運動は分離主義をとる必要がある」と締めくくった[30]。

　アメリカのレズビアン理論はまさにこのような論争の只中に導入されたのである。それがローカルな議論にどう作用したかは改めて検討されるべきだが、ここで簡単に触れておくと、導入の目的は、内紛するフェミニズムの修復にあった。実は、欧米でもフェミニズム団体の中でレズビアンが周縁化され、敵意を向けられるという現象が過去に発生しており、それを克服する理論は十分蓄積されていたのだ。

28　魚玄阿璣「結婚權與不結婚權」（前掲書、14 頁）。

29　張小虹『慾望新地圖 性別 同志學』前掲書、148–152 頁。

30　魚玄阿璣「攜手之前，分離，有其必要」（『婦女新知』第 161 号、1995 年 10 月号、16–18 頁）。

　まずは、魚玄阿璣の批判を受けて『婦女新知』が 7 月号に掲載したの
が、「ラディカレズビアンズ（Radicalesbians)」によるマニフェスト「女に
同一化する女」であった。これは、1970 年 5 月に開催された全米女性機
構の第二回総会で発表されたスピーチをもとに執筆されたものである。
　張 君 玫の抄訳「女人認同女人」には簡単な解説が付されており、それ
によると、アメリカでは 1970 年代に社会運動が盛んになり、レズビアン
も早くから参加していたが、フェミニストはレズビアンが運動に加わるこ
とをさほど歓迎せず、むしろ、レズビアンをフェミニズムに脅威を与え
る「ラベンダー色の脅威」と見なしていたという。両者の衝突は各地で発
生したが、女性解放運動内部では「運動とは関係がない」「それはプライ
ベートな問題だ」などの理由で議論されることはなかった。だが、一部の
フェミニストは女性解放運動に対するレズビアンの貢献を認め、共同で画
期的なマニフェスト「女と一体化する女」を発表したのである[31]。
　ここには、自立心のある女性が「男と一体化する女＝（男性的）レズビ
アン」であるとラベリングされてきたことへの批判と、異性愛女性がレズ
ビアンを差別するのは、自分たちを抑圧する男と一体化したからだ、とい
う反省があった。それゆえ、女は男と一体化する（Man-identified）ので
はなく、女（自分自身）と一体化する（Woman-identified）＝自律性を取り戻
す必要がある、と主張されたのである。女が女と一体化することで、異性
愛構造を支える男性中心主義が消滅し、同性愛／異性愛の区別も消滅し、
すべての女性たちが真に解放されるというのだ。こうして、女性解放運動
の中でレズビアンの問題を考えることは、すべての女性にとって有益であ
るとされたのであった。
　翌 8 月号にオードレ・ロードが紹介されたのも、同様の意図からであ
ろう。ロードはアフリカ系の詩人で、「女性－黒人－レズビアン」という
複合マイノリティの立場から、白人女性主導のフェミニズムを批判した
が、『婦女新知』に紹介された論考「性的欲望の利用」では、女性の主体
的な欲望（エロティックなもの）と男性が定義する女性の欲望（ポルノグラ

31　Radicalesbians 著／張君玫抄訳「女人認同女人」(『婦女新知』1995 年 7 月号、2 頁)。

フィックなもの）は異なり、女性の欲望は女性のエネルギーや創造力の源
であると論じていた。ここでも「男性」を対抗軸にすることで、異性愛女
性と同性愛女性の連帯が図られたのである。

　この時期に導入された欧米の理論は、女性の政治的連帯の必要性を説く
ものが多く、アドリエンヌ・リッチ（Adrienne Rich）の「レズビアン連続
体」の概念や、モニック・ウィティッグが異性愛制度内における男／女二
項対立の打破を「レズビアン」に託そうとした試みも同様の文脈で受容さ
れたと思われる。それによって、台湾のフェミニズムが父権制に異性愛ヘ
ゲモニーを重ねて批判の対象を拡大したことは確かであるが、その過程で
なされた議論については、より詳細に見ていく必要があるだろう。

5．女同志（レズビアン）文学から酷児文学へ

　台湾で同志運動が誕生し、急速に成長していた 1990 年代は、性的マイ
ノリティをテーマにした「同志文学」が大量に生まれ、同志運動を支え、
市民の意識改革に寄与した時代でもあった。研究も盛んになり、1990 年
代の 10 年間で出版された同志、およびジェンダー関連の専門書は学術誌
掲載の論文や修士論文まで含めると膨大な数に上る。だからと言って、台
湾社会が同志フレンドリーな社会に変貌したのかというと決してそうでは
ない。前節でも見た通り、伝統的で保守的な価値観は依然として根強く、
台湾で最もラディカルと言われるフェミニズム運動の内部にさえホモフォ
ビアは残存していた。張小虹が「ジェンダーについては解放的な学生が、
性的指向の話題となると保守的・閉鎖的になり、意識的であれ、無意識的
であれ、社会文化的なホモフォビックな態度を示す」と記したのは 1995
年 10 月のことである。当然、女性同性愛者が社会で様々な抑圧を受けて
いたことは想像に難くない。それを如実に物語っているのが小説である。
実際、同性愛をテーマにした 90 年代の作品には悲劇的なものが多く、26

32　Audre Lorde 著／孫瑞穂訳「情慾的利用」（『婦女新知』第 159 号、1995 年 8 月号、24–28 頁）。
33　簡安得『90 年代台灣男同志小說隱／現主題研究』（台灣國立政治大學、碩士論文、2006
年）が紹介している「參考資料」は 161 〜 176 頁まで 15 ページに及ぶ。
34　張小虹「在張力中相互看見——女同志運動與婦女運動之糾葛」（『婦女新知』1995 年 10
月号、7 頁）。

歳の若さで自死した邱妙津により、レズビアン文学の悲劇は頂点に達したと言われている[35]。

1970 年の白先勇「孤恋花」から 2008 年の凌煙『扮装画眉』に至るまで、約 40 年にわたるレズビアン小説の発展史を整理し、内容を分類した俞珊によると、1990 年代には二つの異なるジャンルが生まれたという。一つが、性的マイノリティの多様な生活を描いた「同志文学」で、主人公が伝統的なジェンダー観を内面化しているため、悲劇的な色彩が強い。もう一つは、メタ小説や SF 形式を取り入れた「酷児文学」で、悲劇から幸福への転換が見られ、登場人物はすでに固定的なジェンダー役割から解放され、セクシュアリティにも流動性が見られるという[36]。

もちろん、それ以前にも女性間の性愛を描いた文学は存在し、1970 年代はシスターフッドに近い感情が描かれ（白先勇「孤恋花」、李昂「回顧」「暮春」など）、80 年代から 90 年代にかけては、セクシュアリティの揺らぎから生じた悲劇が度々テーマになっていた（林黛嫚「並蒂蓮」、曹麗娟「童女之舞」など）。つまり、1990 年代に同志文学が突然開花したわけではなく、それ以前に様々なタイプの女性同性愛が描かれていたのである。

ただ、90 年代は小説の主人公が自らのセクシュアリティを受け入れるか否かは別として、少なくとも認識するようにはなっていた。父権制と異性愛規範という基本的な社会構造に変化はなかったものの、T（男役）／P（女役）、学生／社会人、都市在住者／地方在住者など、登場人物は細分化され、レズビアン内部の多様性が描かれるようになる。学生たちは、伝統的な家庭の内部で異性愛規範と強力な父権に支配され（玄小佛『圓之外』、杜修蘭『逆女』など）、社会人は、経済的自立により家族のしがらみからは

35　邱妙津（1969 年 5 月 29 日〜 1995 年 6 月 25 日）は、台湾トップの名門女子高、台北第一女子高級中学を経て、国立台湾大学心理学科に学び、卒業後はカウンセラーとして働いた後、週刊雑誌『新新聞』の記者になった。1994 年から 1995 年まで、パリ第八大学に留学、臨床心理学とフェミニズムを専攻するも、1995 年 6 月 25 日にパリで自殺。1995 年、『ある鰐の手記』で中国時報の時報文学賞推薦賞を受賞し、主人公のニックネーム「拉子」はレズビアンの代名詞になった。同書は『モンマルトル遺書』とともに、レズビアン文学の経典となり、現在でも中国語圏で根強い人気を誇っている。2007 年には 2 巻本の日記が出版された。
36　以下、レズビアン文学の流れについては、俞珊『台灣女同志小說研究』（國立中興大學中國文學史研究所碩士論文、2016 年）を参照した。

解放されても、社会的なプレッシャーに直面していた（郭良蕙『両種以外的』など）。台北を舞台にした物語では、経済的に安定したホワイトカラーが主人公となり、Tバーなどレズビアンコミュニティも描かれたが、都市の資源の豊かさや進歩的な思想は人の感情を複雑にし、ハッピーエンドをもたらすわけではなかった（李昂『花間迷情』、郭良蕙『両種以外的』など）。一方、凌煙『失声画眉』（1990年）では大衆オペラ「歌仔戯」の役者という地方の下層社会に生きるレズビアンが描かれた。

　人物描写の点でいうと、TとPの区別が次第に明確化され、Tの多くが強烈なホモフォビアを内面化した悲劇的な意識の持ち主として造形される一方、Pは異性愛と同性愛の間を往復するタイプとして、どちらかというと軽視されることが多かった。レズビアン文学の多くは悲劇的に描かれるTを重視し、文学でも運動でも主軸となるのはTであったが、Tの多くは自らの性的指向を認め、男性優位の観点に自己同一化しながらも、男性ではないことに劣等感を抱き、自らに巨大なプレッシャーと悲劇的な感情を与える傾向にあった。極端な手段として自死を選ぶこともあったが、父権制／異性愛ヘゲモニーとより大胆に闘っていたのもTである[37]。

　その典型が、レズビアン文学の経典ともいえる邱妙津『ある鰐の手記』の主人公、「拉子」だろう。彼女の悲劇は「内面化されたホモフォビアによる自己嫌悪、ひいては自己敵視」に由来すると言われるが[38]、邱妙津が創作に取り組んだ1990年代初頭を振り返れば、納得がいく。この長編小説が描き出すのは、「フェミニズムとゲイ／レズビアンムーブメントの洗礼を受ける前の荒涼と孤絶」であった[39]。

　物語は、拉子が1991年7月に大学を卒業した時点から入学時の1987

37　俞珊によると、登場人物が「自死」を選ぶ小説は『ある鰐の手記』だけではなく、少し時代は遡るが玄小佛『圓之外』（1976年）や林黛嫚「並蒂蓮」（1988年）、さらに2000年代以降も李昂『花間迷情』（2005年）などで繰り返し描かれたという。だが、最も多いのは1990年代である。王文華「瑪麗蘭」（1991年）、林裕翼「湯姆男孩」（1992年）、曹麗娟「關於她的白髮及其他」（1996年）、杜修蘭『逆女』（1996年）などに加え、邱妙津『モンマルトルの遺書』は文字通り邱の遺書である。『台灣女同志小說研究』（前掲書、95頁）。

38　俞珊『台灣女同志小說研究』（前掲書、85頁）。

39　劉亮雅「愛欲、ジェンダー及びエクリチュール──邱妙津のレズビアン小説」（『父なる中国、母（クィア）なる台湾？』作品社、2009年、72頁）。

年 10 月に遡り、高校で一年先輩だった女性・水伶に再会し、別れと復縁
を繰り返す大学 4 年間の記録である。特徴的なのは、息の詰まるような
濃密な文体で綴られる拉子の手記の間に、擬人化された「鰐」の寓話が
唐突に挿入される点である。レズビアンの代替記号と言われる「鰐」のエ
ピソードは時にユーモラスに、時に暴力的に語られ、最後に「鰐」は海に
漂うバスタブに火をつけて自死する。それは、レズビアンを差別し、抑圧
する異性愛社会への痛烈な風刺でもあるのだが、そうした小説の作法とし
ての斬新さと著しい対照をなすように、拉子の「内面化されたホモフォビ
ア」を描く部分はやたら古めかしい。拉子は「父権文化が作り上げた『完
全なる女性』と『完全なる男性』の身体イメージ」（劉亮雅、83 頁）から
逃れられず、大げさな身振りで極端な男性性を演じ続け、そのことで、自
分を「最低」な「怪物」と呼び、女しか愛せないことを「一生背負うべき
十字架」だと呪う。だが、実はそんな仰々しく古臭い描写にこそ、邱妙津
の逆説的な新しさが宿っているのかもしれない。本人がそれをどこまで意
識していたかは、別として。

　前述の通り、張小虹が紹介したアメリカのレズビアン理論の論客 5 名
のうち、ジュディス・バトラーは翻訳がなかったこともあって、90 年代
半ばまではさほど話題になっていなかった。だが、劉亮雅は 1998 年に発
表した論文「愛欲、ジェンダー及びエクリチュール——邱妙津のレズビア
ン小説」で、バトラーが『ジェンダー・トラブル』で展開した理論を駆使
して『ある鰐の手記』を読み解くのである。それは単にバトラーの理論の
正しさを小説によって証明するためではなく、むしろ『ある鰐の手記』に
触発されてバトラーを読み直す試みのように見える。

　バトラーが『ジェンダー・トラブル』を発表したのは 1990 年、『ある
鰐の手記』が発表されるわずか 4 年前のことである。彼女はそこでジェ
ンダーを「恣意的で、かつパフォーマティヴな行為」であると定義し、そ
の後のフェミニズムに多大な影響を与えた。バトラーによると、「ジェ
ンダーとは反復されるパフォーマンスによって構築されるアイデンティ
ティ」であり、逆にいうと、「本物のジェンダー・アイデンティティは規

則的な虚構」でしかないという。その絶えざるパフォーマンスによって構築されるアイデンティティの虚構性を、劉亮雅は『ある鰐の手記』に見出すのである。

　男役・拉子の「男性性」は、バトラーのいう「男性性的パフォーマティヴィティ」であり、女役・水伶の「女性性」もまた「女性性的パフォーマティヴィティ」に過ぎず、両者は「姿形、容貌と装いを通して、様式化したジェンダーをパフォーマンス化し、ジェンダーというものの本質のなさを明らかにしている」というのだ。つまり、拉子が大げさな身振りで男性的に振る舞えば振る舞うほど、そこに「ジェンダーというものの本質のなさ」が露呈し、「非本質的な表象」になってしまうというわけだ。当然、水伶との関係も異性愛関係の模倣、もしくはパロディにならざるを得ない（劉亮雅、83頁）。それを考えると、「鰐」の寓話的な物語よりも、一見、古臭い拉子の「手記」こそ「新しい」のかもしれない。父権文化的な「完全なる女性性」と「完全なる男性性」がジェンダー・トラブルを生んでいるという点で、「矛盾を孕んだ多義的なテクスト」（劉亮雅、73頁）になっているからだ。

　さらに、この小説には拉子と水伶の他にも、至柔と寒寒というカップルが登場するが、二人は欲望の対象が「男であると同時に女であり、男でないと同時に女ではない」というように不安定で曖昧なジェンダーとして描かれており、「男／女」の区別は消失している。「鰐」にも性別はなかった（劉亮雅、83頁）。

　そうなると、男／女、異性愛／同性愛など、あらゆる二項対立に揺さぶりをかける「酷児文学」までの距離は近く、『ある鰐の手記』は90年代「同志文学」の代表作であると同時に、「酷児文学」とも地続きであったと言えるだろう。酷児文学の旗手、紀大偉と洪凌が作品を発表し始めるのはまもなくのことである。

40　ジュディス・バトラー著／竹村和子訳『ジェンダー・トラブル──フェミニズムとアイデンティティの攪乱』青土社、1999年、245頁。

6. おわりに

　東アジア各国で個別に展開されてきたレズビアン・フェミニズムの運動、理論、文学の歴史や蓄積された経験を共有し、越境的に考察を深めることはできないか。そんな展望のもとに 1990 年代の台湾の状況を概観してきた。

　まず、本章を構想した時点で予想していたのは、台湾のレズビアン・フェミニズムの運動はスタートこそ決して早くないものの、戒厳令解除後の民主化の時代と重なったことで、目覚ましい成長を遂げ、着実な成果を挙げえたのではないかということだった。だが、90 年代の歩みには予想外の躓きもあり、むしろ見えてきたのは、それまでないものとされてきた女性たちの苦悩や戸惑いや憤りであった。伝統的で保守的な現実と欧米から一挙に押し寄せる新たな理論との狭間で、女性たちの生と性は不安定に揺らいでいた。だが、様々な二項対立を乗り越え、連帯していこうとする希望が萌していたのも確かである。それは、1990 年代後半から 2000 年代以降、どう変化するのだろう。

　だが、時代を先に進める前に、今回、アウトラインを描くだけで終わってしまった 90 年代の課題——特に『婦女新知』で展開されたホモフォビアをめぐる議論の経緯や導入された欧米理論の影響については、歩みを止めてさらなる考察を続ける必要がある。

　過去に台湾の女性たちの間で交わされ、雑誌に書き留められた言葉の数々は、私にとって「外国語」であるにもかかわらず、その痛みや悲しみや憤りも含め、とても親しく感じられるものであった。それは韓国のフェミニズム文学にも共通するものである。できれば、東アジアの姉妹たちとともに今後もそうした声に耳を傾けていきたい。

あとがき

「昔からの清い水脈のような人々がいますよ、日本にも」

1980年代の初め、教科書問題と日本の国会議員たちの靖国神社参拝問題で韓国のマスコミが騒がしかった夏、偶然に雑誌に載った小説家・朴景利(パクギョンリ)のインタビューでこの言葉を読んだ時の不思議な感覚は忘れることができない。日本「帝国」に多くの苦難を受けた近代の朝鮮を描いた韓国文学最高の傑作小説『土地』(1969～1994年執筆、全16巻)を連載中だった彼女が、どんな脈絡で言った言葉だったかは忘れたものの、その時の感覚は今も胸のひと隅に残っている。

1980年代の半ばから後半にかけて、日本に留学していた私に多くの日本人たちが「韓国」についての話をしてくれた。「植民地」朝鮮の京城で判事をしていた老年の弁護士、仕事で韓国を行ったり来たりするビジネスマン、焼肉と冷麺を愛する青年、趙容弼(チョヨンピル)の「釜山港へ帰れ」が好きな演歌のファンなど、実に多様だったが、彼らの話す「韓国」は私にはどこかなじめないものだった。しかし、その中でもっともなじめなかったのは同世代の日本の若者たちの韓国に対する無知、いや無関心だった。その上の世代、いわゆる団塊の世代の人たちは私が「光州」から来たという事実に驚いて関心を見せる場合もあったが、彼らの話す「韓国」もやはりどこかピントがずれたアングルから出てきたもののようだった。

ふり返ってみれば、当時の日本人の視線は老若男女をとわず「韓国」、いや「アジア」の「現在」に向いていなかった。近代の入り口で福沢諭吉が述べた「脱亜入欧」は、それから100年が過ぎた今もなお力をふるっているのだな、と思った。私は当時のまわりの日本人のやさしさとは別に、日本のマスコミや日本社会から感じられる「韓国」という国に対する冷淡さと無関心、上からの目線を見て、少なくとも韓国に関した「清い水脈さがし」のことなどは忘れてしまっていた。

そんな時に、1987年の春休みをむかえて一時帰国のために仙台から成

田空港への夜行バスに乗ったのだが、大学院でいっしょに勉強していた日本人の先輩のSがバスの中で読むようにと文庫本を渡してくれた。茨木のり子の『ハングルへの旅』だった。私はその時はじめて茨木のり子という名前を知ったのだが、翌日の早朝4時に成田空港に到着した時、低い声でひとり言を言った。「見つけた。この人がその清い水脈だ！」と。後で知ったことだが、朴景利と茨木のり子はどちらも1926年に生まれた同い年だった。

　それから30年あまりの歳月が過ぎる間、韓国と日本の間では対立、葛藤、対決、そして時おり未来に向けた和解など、ありきたりの単語が飛び交ってきた。しかしその中でも日本では「韓流ブーム」が起き、韓国では青少年たちの日本小説のブームのおかげで小説のベスト10に6冊以上の日本の小説がランクインし、書店の一番いい場所を日本の小説が占めるということが起きた。また、日本の地方の小都市を歩いて、旅館で温泉を楽しもうとする韓国の中高年層のために日本行きの飛行機はいつも満席だった。彼らは時に日本の書店に立ち寄って「嫌韓コーナー」を見て驚いたり傷ついたりしたものの、旅行目的地の選択から日本をはずしはしなかった。

　そのような韓日両国の大衆たちの爆発的とも言えるような交流の深まりの中で、旧態依然の政治家たちが吐きだすステレオタイプな韓日関係の言葉は古くさい流行歌のように人々の胸には届かないまま、人々の関心と視線は新たなタイプの言葉と行動に向かっていった。

　例えば、在日韓国人の詩人である金時鍾（キム シ ジョン）（1929年済州島生まれ）がいる。彼は2015年の自伝的エッセイ『朝鮮と日本に生きる――済州島から猪飼野へ』において「植民地」朝鮮での学生時代を回顧して、「植民地」は彼に優雅な歌として近づいてきたと述懐している。彼は統治する側の傲慢さを匂わせない日本の歌が、言葉の韻律として完全にみずからの身体に居すわってしまい、したがってそれを抜けだすことこそがみずからの真の「解放」だと考えたため、日本に復讐する心情で一生日本的抒情と韻律を拒み、日本語によって詩を書いていると告白している。彼はこの本によってその年、第42回大佛次郎賞を受賞した。

　そうかと思えば、2001年に朝鮮王朝の武将である李舜臣（1545~1598年）を主人公に文禄の役を描いた小説『孤将』（原題は『칼의노래』）でミリオンセラーを記録した小説家の金薫（1948年～）は、俳句に日本の美学を発見し、松尾芭蕉（1644～1694年）の『おくのほそ道』の跡を訪ね、次のように述べた。

　　日本の東北地方の絶景をたずねて詠んだ芭蕉の詩は、その17個の音節のうしろに語られない模様が咲きほこっている。語ろうとする欲望と言葉を捨てなければならないという克己の間の境界を、彼は老練な侍の刀のひと太刀で切りさく。芭蕉の言語は現れるものと隠されるものとの間を、風のように割って過ぎていくが、その断面から隠されたものたちがおのずから現れるとき、彼の詩は力強いものとなる。
（金薫「17世紀日本の放浪詩人『芭蕉』の跡をたずねて〈上〉」『中央日報』2012年4月28日）

　金薫はこの旅行に先立って福島県南相馬市を訪れて仮設住宅で暮らす避難家族に会った後、福島の原発事故一周忌を追悼する記事を書いている。反対に日本人たちもやはり韓国を訪れてあちらこちらを巡り回った。だからと言ってこれらの韓日両国の人々が、歴史的認識の違いや政治的争点によって葛藤する両国の現実から目をそむけたわけではない。むしろそれを乗り越えて自分が直接深く入りこみ現地の人々と出会い、そこの空気を味わった。少なくとも2019年7月までの韓日関係はこのような状況だった。韓日両国の激しい対立、嫌韓と反日のスローガンが騒がしい今、この場で、私は何をすることができるだろうか。いや、何をしなければならないだろうか。

　この本は、そのような悩みを共有する日本を研究する韓国人、韓国を研究する日本人研究者が、この時点で「スローガン」に巻きこまれず正しい姿勢で立つために、会場で、そしてオンラインシンポジウムの場で交わした熱のこもった対話と討論を記録したものである。この状況を打開していくためには「反」や「親」ではなく、「知」が重要であるという認識の

もとに、誰が何のために韓日関係を歪曲しているのかを診断し、逆境の中でも両国の友好を深めるのに献身した人々を再照明し、その記憶を探し求め、ヴィジョンを提示しようとした。韓日の両国の間で「易地思之」し、「清い水脈」を作りだすのに全力を傾けた先人たちの苦労をねぎらい、ひいてはその水脈が枯れてしまわないように育てる方法を探すのはこれからの課題としたい。

　この本が出版されるのに初めから終わりまで力を尽くしてくださった佐野正人先生、貴重な論考を寄せてくださった執筆者の皆様、本書を世に出してくださった明石書店の武居満彦様、特に編集実務を担当してくださった伊得陽子様に、深く感謝の言葉を申しあげたい。

　　2021 年 2 月

金　貞禮

■執筆者紹介（執筆順）

朴　奎泰（パク・ギュテ）

漢陽大学　教授。宗教学・日本思想。

［主な著書］

『現代日本における巡礼文化』（漢陽大学校出版部、2020 年）、『日本再発見——日本人の聖地を歩く』（モシヌンサラム、2020 年）、『日本精神分析』（而学社、2018 年）、『日本神社の歴史と信仰』（赤楽、2017 年）、『ポスト—オウム時代における日本社会の行方と「スピリチュアリティ」』（漢陽大学校出版部、2015 年）。

真鍋　祐子（まなべ・ゆうこ）

東京大学東洋文化研究所　教授。朝鮮研究。

［主な著書・訳書］

『自閉症者の魂の軌跡——東アジアの「余白」を生きる』（青灯社、2014 年）、『増補　光州事件で読む現代韓国』（平凡社、2010 年）、『烈士の誕生——韓国の民衆運動における「恨」の力学』（平河出版社、1997 年）、『恨の人類学』（訳書、平河出版社、1994 年）、「光州をめぐる孤独と連帯——『社会的哀悼』へ向けて」（『歴史評論』第 851 号、2021 年）、「キャンドル集会にみる『過去と未来の対話』——『1987 年フレーム』に表れた歴史意識から考える」（『韓国朝鮮の文化と社会』第 19 号、2020 年）。

朴　秀哲（パク・スチョル）

ソウル大学東洋史学科　教授。日本史。

［主な著書・論文］

『織田信長과 豊臣秀吉은 어떤 人物인가——16 世紀 예수회 宣教師 루이스 프로이스의 記録』（編訳、위더스북、2017 年）、『織田・豊臣政権의 寺社支配와 天皇』（서울대학교출판문화원、2012 年）、「豊臣政権의 神格化와 名誉（功名）追求——'個人' 秀吉의 観点에서」（『日本歴史研究』第 53 号、2020 年）、「織田信長의 将軍追放論理와 天皇」（『東洋史学研究』第 147 号、2019 年）、「'公武' 体制의 政治構造와 祈祷——室町時代 새로운 政治体制像試論」（『東洋史学研究』第 140 号、2017 年）。

金　貞禮（キム・ジョンレ）

全南大学校人文大学日語日文学科　教授。日本文学。

［主な著書・論文］

『言葉の中の日韓関係』（共著、明石書店、2013 年）、『光州民衆抗争』（共訳、光州市 5.18 資料編纂委員会；光州、1999 年）、『바쇼의 하이쿠 기행——「오쿠로 가는 작은 길」』（訳注、바다出版社；ソウル、1998 年）、「동시대 한국의 일상 발견과 시적 커뮤니케이션 – 이바라기 노리코와 마유즈미 마도카를 중심으로」（『日本語文学』第 35 号、한국일본어문학회、2007 年）、「『おくのほそ道』の韓国語訳をめぐる諸問題——訳者の立場から」（『連歌俳諧研究』第 96 号、1999 年）。

平林　香織（ひらばやし・かおり）

創価大学文学部　教授。日本近世文学研究。

［主な著書・論文］

『文学史の向こう側』（世音社、2020年）、『大名文化圏における〈知〉の饗宴』（編著、世音社、2020年）、『誘惑する西鶴　浮世草子をどう読むか』（笠間書院、2016年）、「日本文学とナラティブ・メディスン――『絵本黴瘡軍談』におけるナラティブ」（『N：ナラティヴとケア』第12号、2021年）。

呉　世宗（オ・セジョン）

琉球大学人文社会学部　教授。在日朝鮮人文学。

［主な著書・論文］

『沖縄と朝鮮のはざまで――朝鮮人の〈可視化／不可視化〉をめぐる歴史と語り』（明石書店、2019年）、『リズムと抒情の詩学――金時鐘と「短歌的抒情の否定』』（生活書院、2010年）、「金石範『観徳亭』論――『でんぼう爺い』と状況」（『教育国語』第4巻第20号、2020年）、「はざまからまなざす――金石範『鴉の死』における主体・状況・言語そして動物」（『言語社会』第14号、2020年）。

橋本　恭子（はしもと・きょうこ）

津田塾大学、日本社会事業大学、東洋大学、横浜創英大学、駒澤大学　非常勤講師。
比較文学、台湾文学。

［主な著書・訳書］

『「華麗島文学志」とその時代――比較文学者島田謹二の台湾体験』（三元社、2012年）。『島田謹二――華麗島文學的體驗與解讀』（涂翠花・李文卿訳、台湾：台大出版中心、2014年）。『フェイクタイワン――偽りの台湾から偽りのグローバリゼーションへ』（翻訳、東方書店、2017年）。

■編著者紹介

佐野 正人（さの・まさと）
東北大学国際文化研究科 教授。日韓比較文学、日韓比較文化。
［主な著書・論文］
『韓国文学を旅する 60 章』（共著、明石書店、2020 年）、『問題としての「アメリカ」
──比較文学・比較文化の視点から』（共著、晃洋書房、2020 年）、『동아시아문화공
간과한국문학의모색（東アジア文化空間と韓国文学の模索）』（共著、語文学社、2014 年）、
『戦間期東アジアの日本語文学』（共著、勉誠出版、2013 年）、「李箱　ポストコロニア
ルな詩人」（『現代詩手帖』2019 年 8 月号、思潮社）。

思想・文化空間としての日韓関係
東アジアの中で考える

2021 年 3 月 30 日　初版第 1 刷発行

編著者	佐　野　正　人	
発行者	大　江　道　雅	
発行所	株式会社明石書店	

〒101-0021 東京都千代田区外神田 6-9-5
電話 03（5818）1171
FAX 03（5818）1174
振替　00100-7-24505
https://www.akashi.co.jp/

装丁　　　　　　　金子　裕
印刷・製本　モリモト印刷株式会社

©Masato Sano 2021
Printed in Japan

ISBN978-4-7503-5176-6
（定価はカバーに表示してあります）

韓国文学を旅する60章
エリア・スタディーズ 182
波田野節子、斎藤真理子、きむ ふな編著
◎2000円

現代韓国を知るための60章【第2版】
エリア・スタディーズ 6
石坂浩一、福島みのり編著
◎2000円

張赫宙の日本語文学
植民地朝鮮/帝国日本のはざまで
曺恩美著
◎4500円

囚人「黄晳暎自伝」 I 境界を越えて/II 火焔のなかへ
黄晳暎著　舘野晳、中野宣子訳
◎各3600円

金石範評論集I 文学・言語論
金石範著　イ・ヨンスク監修　姜信子編
◎3600円

韓国近現代文学事典
権寧珉編著　田尻浩幸訳
◎8000円

日中韓の相互イメージとポピュラー文化 国家ブランディング政策の展開
中国社会研究叢書 2
石井健一、小針進、渡邉聡著
◎3800円

沖縄と朝鮮のはざまで
朝鮮人の〈可視化/不可視化〉をめぐる歴史と語り
呉世宗著
◎4200円

日韓歴史共通教材 調べ・考え・歩く 日韓交流の歴史
歴史教育研究会編著
◎2800円

日韓共同の歴史教育 21世紀をきりひらく授業実践交流の軌跡
三橋広夫編集代表
日韓教育実践研究会（日本）・慶南歴史教師の会（韓国）編集
◎2700円

交流史から学ぶ東アジア 食・人・歴史でつくる教材と授業実践
高吉嬉、國分麻里、金玹辰編著
◎1800円

ユネスコ世界記憶遺産と朝鮮通信使
仲尾宏、町田一仁共編
◎1600円

九州のなかの朝鮮文化 日韓交流史の光と影
嶋村初吉著
◎2300円

つくられる「嫌韓」世論 憎悪を生み出す言論を読み解く
村山俊夫著
◎2000円

「反日」と「反共」 戦後韓国におけるナショナリズム言説とその変容
崔銀姫著
◎4500円

「徴用工問題」とは何か？ 韓国大法院判決が問うもの
戸塚悦朗著
◎2200円

〈価格は本体価格です〉